Ramina Farsiew

Programmatic Advertising

Datengetriebene Display-Werbung im Blickwinkel des deutschen und europäischen Datenschutzrechts

Bibliografische Information der Deutschen Nationalbibliothek:

Die Deutsche Nationalbibliothek verzeichnet diese Publikation in der Deutschen Nationalbibliografie; detaillierte bibliografische Daten sind im Internet über http://dnb.d-nb.de abrufbar.

Impressum:

Copyright © 2017 Studylab

Ein Imprint der GRIN Verlag, Open Publishing GmbH

Druck und Bindung: Books on Demand GmbH, Norderstedt, Germany

Coverbild: GRIN | Freepik.com | Flaticon.com | ei8htz

Inhaltsverzeichnis

Abkürzungsverzeichnis

BDSG	Bundesdatenschutzgesetz
BGH	Bundesgerichtshof
BVerfG	Bundesverfassungsgericht
BVDW	Bundesverband Digitale Wirtschaft
CPC	Cost Per Click
CTR	Click Through Rate
DSGVO	Europäische Datenschutz-Grundverordnung
DMP	Data Management Plattform
DSAnpUG	Datenschutzanpassungs- und Umsetzungsgesetz
DSP	Demand Side Plattform
EuGH	Europäischer Gerichtshofs
IP	Internet-Protocol-Adresse
i.V.m.	in Verbindung mit
i.S.d.	im Sinne des
KPI	Key Perfomance Indicators
lit.	Lateinisch litera (= Buchstabe)
PA	Programmatic Advertising
ROI	Return On Investment
RTA	Real Time Advertising
RTB	Real Time Bidding
SSP	Sell (Supply) Side Plattform
TKP	Tausender-Kontakt-Preis
TMG	Telemediengesetz
o.g.	oben genannt

1 Einführung

1.1 Problematik und Aktualität des Themas

„Die sozialen Netzwerke sind nicht kostenlos. Alle bezahlen mit ihren Daten." (Helmut Glaßl,*1950 - Thüringer Aphoristiker)

Ob User sich auf sozialen Netzwerken anmelden, oder im World Wide Web (WWW) auf diversen Webseiten surfen, überall hinterlassen sie ihre Spuren. Was auf den ersten Blick wie kostenlose Freizeitbeschäftigung aussieht, wird im Grunde genommen teuer bezahlt. Die Liquidität der Nutzer sind persönliche Daten, wie Geburtsdatum, Geschlecht oder gar der vollständige Name. Allzu oft werden diese Daten bewusst beim Erstellen eines Benutzerkontos in einem Online-Shop preisgegeben. Aber auch im Hintergrund und vielen Usern gar unbewusst, werden Nutzerdaten in Form von sogenannten Cookies gespeichert und verarbeitet. Für Unternehmen und die Werbebranche sind diese Daten von großem Nutzen, um ihre Geschäftsaktivitäten im Zeitalter des Web 3.0 voranzutreiben. So werden diese Daten genutzt, um den (potenziellen) Kunden besser kennenzulernen und die passende Werbung automatisiert nach ihm auszurichten. Auch für den User kann der Austausch seiner Daten gegen eine personalisierte Werbeanzeige von Vorteil sein. Die automatisierte Schaltung der zielgerichteten Anzeigen wird mittels Programmatic Advertising (PA) vollzogen. Für die programmatische datengetriebene Werbung werden enorme Datenmengen („Big Data") benötigt. Diese großen Datenmengen müssen gesammelt, gespeichert und auch für die Nutzer transparent gemacht werden.

Doch wie sieht es mit dem Datenschutz der User im WWW und spezifisch im Geschäftsmodell des PA aus? Die Fülle an Daten und die fortschreitende Digitalisierung hat die Gesetzgeber dazu veranlasst sich mit dem veralteten Datenschutzgesetz auseinanderzusetzen. So wurde 2016 die europäische Datenschutz-Grundverordnung (DSGVO) modernisiert, hierbei bereits 2017 das deutsche Bundesdatenschutzgesetz angepasst und auch schon ein Entwurf der neuen ePrivacy-Verordnung vorgestellt.[1] Für Unternehmen bedeutet dies, sich mit den neuen und geänderten Regularien zu befassen und diese dementsprechend umzusetzen, da ab dem 25. Mai 2018 die Datenschutzneuerungen EU-weit geltend gemacht werden.

---

[1] Vgl. Neurer, D. (2017).

1.2 Zielsetzung und Aufbau der Arbeit

Ziel dieser Arbeit ist es, sich mit der Thematik des PA und im Zusammenhang hierzu mit dem bestehenden Datenschutzrecht in Deutschland sowie den zukünftigen gesamteuropäischen Datenschutzgesetzen auseinanderzusetzen. Durch die ab dem 25. Mai 2018 geltenden Datenschutzrechte entstehen viele neue Regelungen für Unternehmen. Diese gilt es in der nachfolgenden Arbeit genauer zu erörtern und eventuell gegebene Einflüsse auf das Geschäftsmodell des PA zu erarbeiten.

Zu Beginn dieser Arbeit wird in Kapitel 2 auf das Online-Display-Marketing eingegangen. Es werden die dafür wichtigsten Begrifflichkeiten erläutert, sowie die Historie und einzelnen Akteure des Display-Advertisings, früher auch Bannerwerbung genannt, dargelegt. Abschließend beschäftigen sich die weiteren Abschnitte in Kapitel 2 mit der Thematik des PA und den daraus resultierenden Vor- und Nachteilen gegenüber dem klassischen Display-Advertising. Mit Kapitel 3 beginnt die Materie des Datenschutzes. Zunächst wird in Abschnitt 3.1 flüchtig auf die Geschichte des Datenschutzes eingegangen. Folgend werden in Abschnitt 3.2 die wichtigsten gesetzlichen Bestimmungen in PA erläutert und im Wesentlichen auf das deutsche Bundesdatenschutzgesetz (BDSG) und das bereichsspezifische Telemediengesetz (TMG) eingegangen. Ein kurzer Ausblick auf die kommende DSGVO wird in Abschnitt 3.2.3 gegeben. Kapitel 4 beschäftigt sich mit der zukünftigen Bestimmung des Datenschutzes und den daraus eventuell gegebenen Einflüssen auf das Geschäftsmodell des PA. Zuerst werden in Abschnitt 4.1 die wesentlichen Änderungen der DSGVO und des BDSG erarbeitet. Nachfolgend wird in Abschnitt 4.2 die Rolle der Akteure im PA in Kontext zum Datenschutzgesetz erläutert. In Kapitel 4.3 wird schließlich erörtert, ob und inwiefern das PA durch die zukünftigen Datenschutzbestimmungen beeinflusst wird. Den Schluss der Arbeit finalisieren das Fazit in Kapitel 5, indem sich eine Zusammenfassung sowie ein Ausblick mit Handlungsempfehlungen finden.

2 Online-Display-Marketing

2.1 Begriffsdefinitionen

Um das Marketing im Onlinegeschäft und die technischen Hintergründe besser verstehen zu können, werden nachfolgend einige Begriffe näher erläutert, die für die Arbeit von Bedeutung sind.

2.1.1 Cookies

Cookies sind auf dem Endgerät des Nutzers abgelegte Textdateien, um das Surfverhalten zu dokumentieren[2] und den Nutzer wiederzuerkennen.[3] Diese kleinen Dateien speichern Informationen, wie die bevorzugte Sprache oder persönliche Seiteneinstellungen, um bei einem erneuten Besuch der Webseite die passenden Informationen angezeigt zu bekommen. Cookies können, wie bereits erwähnt, einen Nutzer identifizieren und sind somit ein wichtiger Bestandteil für die personalisierte Werbung im Internet. Mithilfe der sogenannten Tracking-Cookies werden Nutzerprofile erstellt, die es ermöglichen die Vorlieben und Interessen der User festzuhalten. Diese Nutzerprofile sind ein wichtiger Bestandteil im Online-Marketing und somit sehr wertvoll für Unternehmen und Agenturen.[4]

Zu differenzieren sind Cookies in 1st-Party-Cookies und 3rd-Party-Cookies. Während 1st-Party-Cookies direkt vom Webseitenbetreiber stammen, werden 3rd-Party-Cookies von Dritten auf der Webseite platziert, auf der sich ein Nutzer befindet. Surft ein Nutzer auf der Webseite von Zalando, so kann es sein, dass hier eigene „Zalando-Cookies", sowie Cookies von anderen Webseitenbetreibern vorhanden sind. Die gesammelten Nutzerdaten werden somit auch an Dritte weitergeleitet.[5]

2.1.2 Targeting

Das Targeting beschreibt die zielgruppenbestimmte Ansteuerung von Werbeeinblendungen im Onlinemarketing. Die relevanten Targetingstrategien für die nachfolgende Arbeit sind das Profile Targeting, das Behavioural Targeting und das Re-Targeting.

---

[2]   Vgl. BVDW (2016), S.93.

[3]   Vgl. Petrlic, R., Sorge, C. (2017), S. 90.

[4]   Vgl. Mozilla Corporation (2017).

[5]   Vgl. BVDW (2013).

Das Profile Targeting befasst sich mit Nutzern, die bestimmte soziodemographische Merkmale erfüllen. Die für die gezielte Werbung wichtigen Daten können das Geschlecht, das Alter oder das Haushaltseinkommen umfassen und werden vom Nutzer bspw. beim Erstellen eines Nutzerkontos auf einer Webseite bereitgestellt. Diese Datensätze sind für Webseitenbetreiber hochwertig, da sie schnell und kostengünstig einzuholen sind.

Beim Behavioural Targeting und Re-Targeting wird die Werbung anhand des Nutzerverhaltens angesteuert. Die für das Behavioural Targeting benötigten Daten werden durch das Setzen von Cookies auf den Endgeräten aufgezeichnet und so das Surfverhalten analysiert. Befindet sich ein Nutzer bspw. auf der Webseite eines Reiseführers, so kann davon ausgegangen werden, dass ein Interesse vorliegt und eventuell der Kauf einer Reise beabsichtigt ist. Diesem Nutzer werden von Targeting-Systemen zukünftig öfter Reisewerbungen angezeigt und das nicht nur auf Reisewebseiten.

Das Re-Targeting funktioniert ebenfalls durch das Platzieren eines Cookies. Diese Art des Targetings fokussiert sich auf eine zuvor durchgeführte Aktion des Nutzers auf der Webseite. Bricht der Nutzer bspw. einen Bestellvorgang ab, „verfolgt" das Targeting-System diesen Nutzer kontinuierlich mit der gleichen Werbebotschaft, um ihm das Produkt zu vermitteln und ihn als Kunden zu gewinnen.[6] Das Targeting ist somit ein wesentliches Instrument Nutzerinteressen festzustellen und daraus personalisierte Werbung abzuleiten.

In Abbildung 1 ist die Ansicht einer Produktseite mit einer im Shop angebotenen Bluse zu sehen. Nachdem Besuch des Onlineshops wechselt der Beispielnutzer auf ein externes Emailportal. Auf diesem Portal wird über einen Drittanbieter Bannerwerbung geschaltet. In dem geschalteten Banner wird mit Hilfe der Re-Targeting-Maßnahmen und dem dadurch erhobenen Interessensprofil des Nutzers, die Bluse bzw. genau das Produkt beworben, welches sich der Nutzer zuvor im Onlineshop angeschaut hat, zu sehen in Abbildung 2.

---

[6] Vgl. Hass, B. H., Willbrandt, K. W. (2011), S.12f.

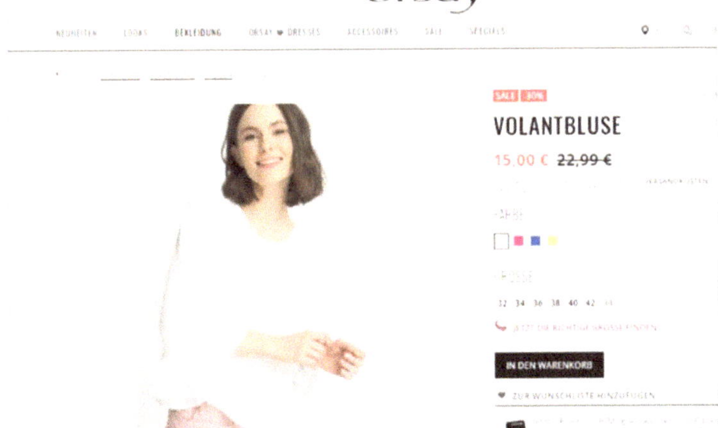

Abbildung 1: Produktansicht einer Bluse im Onlineshop.[7]

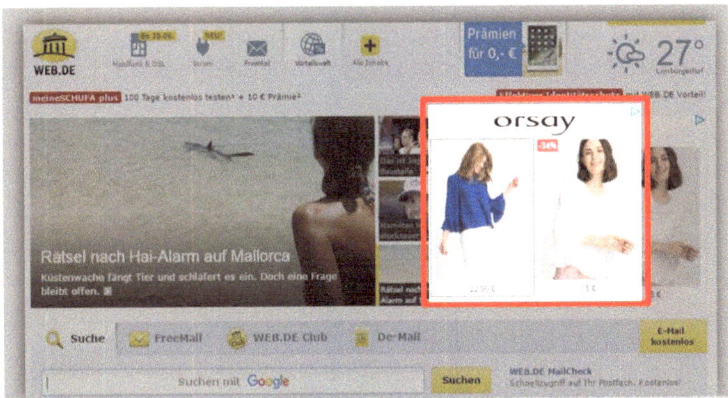

Abbildung 2: Banneransicht auf einer externen Webseite.[8]

2.1.3 IP-Adresse

Die Internet-Protocol-Adresse (IP) ist eine mehrstellige Nummer, welches einem im Internet aktiven Gerät (z.B. einem Server oder einem Router) zugewiesen

---

[7]   Vgl. Eigene Darstellung. Als Basis dient ein Screenshot des Onlineshops http://www.orsay.com/de.

[8]   Vgl. Eigene Darstellung. Als Basis dient ein Screenshot des Onlineshops http://www.web.de.

wird.[9] Sie wird oft im 1981 entwickelten IPv4 Format dargestellt. Dieses Format entspricht einer 32 Bit Adresse, besteht demnach aus vier Blöcken a drei Ziffern, wobei jeder Block acht Bit repräsentiert. Aufgrund der in den letzten zwei Jahrzenten hohen Expansion der Internetnutzung, wurden die IP Adressen zum IPv6 Format erweitert, welche 128 Bit entspricht. Somit wurde erreicht, dass insgesamt viel mehr IP-Adressen generiert werden können. Durch die Adressierung der Geräte können Daten korrekt an eine Zielquelle übertragen werden. Es wird zwischen statischen und dynamischen IP-Adressen unterschieden. Statische IP-Adressen sind einem Gerät fest zugeordnet. Dynamische IP-Adressen sind hingegen flexibel und können sich regelmäßig ändern. Das bedeutet, dass bei jedem Einwählen in das Internet eine neue Zuordnung der IP-Adresse erfolgt.[10]

IP-Adressen werden ebenfalls für das sogenannte Geo-Targeting verwendet. Der Nutzer kann auf diese Weise geografisch eingeordnet werden.[11]

2.2 Das klassische Online-Display-Advertising

Mit dem ersten statischen Banner 1994 vom amerikanischen Telekommunikationsunternehmen AT&T hatte das Display-Advertising seinen Start.[12] Wie der erste Banner aussah, ist in Abbildung 3 dargestellt. Die technische Voraussetzung für ein Banner ist ein Hyperlink-Prinzip. Der Nutzer gelangt durch das Anklicken des Banners auf die geworbene Seite.[13] Ein Banner hat zwei besonders wichtige Merkmale. Zum einen wird es immer auf einer Webseite integriert und zum anderen sollte eine Trennung zum redaktionellen Teil erkennbar sein. Wird ein Banner nicht als Werbung erkannt, verstößt es gegen § 4 Nr. 3 UWG,[14] welches sich mit dem Mitbewerberschutz befasst. Die Größe eines Banners wird dabei in Pixeln angegeben (Breite x Höhe).[15]

---

[9]   Vgl. Lennartz B, Weber J. (2010), S.479.

[10] Vgl. Hopf G. (Hrsg.), etal. (2011), S.102.

[11] Vgl. Lammenett, E. (2015), S. 169.

[12] Vgl. ebd., S.32.

[13] Vgl. Michelson M. (Hrsg.), Riekert, W.-F. (2011), S.91.

[14] Vgl. Huber, D. (2010).

[15] Vgl. Interactive Advertising Bureu (2015), S.8.

Abbildung 3: Der erste Display-Banner 1994[16]

Damals lag die Click-Through-Rate (CTR) für Display-Werbung bei 44 Prozent. Das heißt, dass von 100 Besuchern einer Webseite 44 auf die Werbung klickten.[17] Durch den ersten Erfolg der Bannerwerbung stieg die Euphorie der Nachahmer. Das Internet war überladen von Bannern und es gab kaum eine Seite, welche die sogenannten Layers oder Skyscraper nicht nutzte. Inzwischen liegt die Klickrate bei höchstens 0,1 Prozent.[18] Zu Beginn der Bannerwerbung lag die Marke im Vordergrund. Es wurde versucht die Bekanntheit zu vermarkten und das Markenimage zu verbessern. Außerdem wurden die Anzeigen kontextbezogen verkauft. Das bedeutet, wer Sportfans erreichen wollte, schaltete seine Werbebanner dementsprechend auf Sportseiten. Heute liegt der einzelne Nutzer mit bestimmten Eigenschaften klar im Fokus.[19]

Auf dem Display-Markt wird zwischen verschiedenen Akteuren unterschieden. Auf der einen Seite steht der *Advertiser*, im Deutschen der Werbetreibende, welcher seine Werbung auf bestimmten Websites verbuchen möchte. Auf der anderen Seite der *Publisher* und somit der Webseitenbetreiber, der die Werbung des Advertisers auf seiner Webseite platziert. Zwischen diesen Akteuren befinden sich weitere Teilnehmer, die für die Realisierung der Werbeschaltung zwischen Advertiser und Publisher von Bedeutung sind. In der Abbildung 4 ist das Zusammenspiel der Akteure graphisch dargestellt.

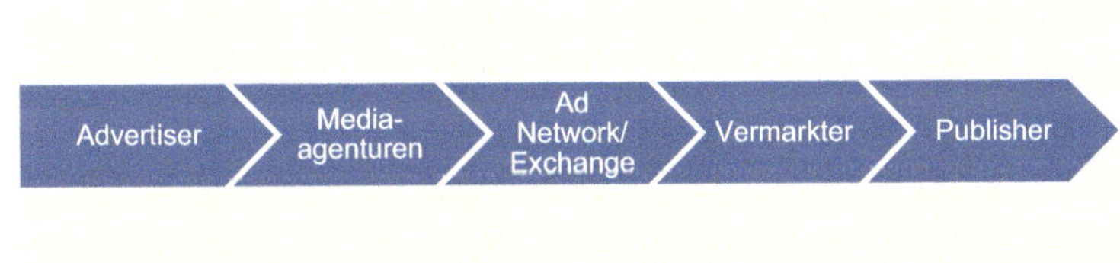

Abbildung 4: Die klassische Wertschöpfungskette[20]

---

16 http://barker.co.uk/banner

17 Vgl. Rixecker, K. (2013).

18 Vgl. Dennemark, J. (2016).

19 Vgl. Stüber, J. (2014).

20 Vgl. Schroeter, A. etal. (2012), S. 10

Prinzipiell kann der Weg einer Banner-Werbung im „klassischen" Sinne folgendermaßen beschrieben werden: Der Publisher hat auf seiner Webseite Werbeplätze zu vergeben und schaltet üblicherweise einen Vermarkter ein, da dieser bereits ein Portfolio vorweisen kann. Der Vermarkter kontaktiert Mediaagenturen oder Advertiser direkt. Es wird über die Konditionen verhandelt und ein Festpreis für das Inventar ausgehandelt. Der Prozess der Werbeschaltung kann sich so über Tage oder Wochen ziehen. Selbstverständlich ist auch der Direktvertrieb seitens der Publisher möglich. Für Publisher mit vielen Werbepartnern kam die Entwicklung des sogenannten AdServers zur Hilfe. Durch AdServer behalten Webseitenbetreiber einen Überblick über die verschiedenen Kampagnen und das Reporting wird ebenso erleichtert. Da immer mehr Publisher und Advertiser auf den Markt kamen und die persönlichen Verhandlungen schwieriger wurden, sind Ad Networks und schließlich Ad Exchanges entstanden.[21] Heutzutage gibt es Online-Marktplätze, die Advertisern und Publishern die Buchung von Werbeplätzen bzw. den Verkauf von Banner-Werbung direkt ermöglichen. Besonders für kleine regionale Unternehmen bietet das einen großen Vorteil.

Nachfolgend werden die weiteren Teilnehmer näher erläutert:

Die *Mediaagentur* hilft Advertisern bei der Planung von Werbung. Die Unterstützung geht über die Konzeption bis hin zur Platzierung, Auswertung und Bezahlung. Außerdem weist die Mediaagentur das Werbebudget auf verschiedenen Kanälen anhand eines Mediaplans zu. Im Mediaplan wird die genaue Platzierung und Kondition festgelegt, bei welchen Publishern die Werbung ausgespielt werden soll. Folgende Fragen werden in der Mediaplanung beantwortet:

1. Welches Budget wird benötigt?
2. Was ist die Werbebotschaft?
3. Welche Zielgruppe soll mit der Werbekampagne angesprochen werden?
4. Welche Werbemittel sollen zum Einsatz kommen?
5. In welchen Medien bzw. mit welchen Werbeträgern wird geworben?
6. Wann und wo wird geworben?
7. In welcher Art soll geworben werden?

Prinzipiell werden die Werbeplatzierungen über Vermarkter, Ad Networks oder Ad Exchanges und nicht über die Publisher gebucht. Durch die Zusammenarbeit

---

[21] Vgl. Kahl, T. (2014).

mit Agenturen resultieren einige Vorteile. So verfügen Agenturen über das notwendige Know-How und können daher optimiert beurteilen, welche Kampagne effektiv läuft. Auch durch das hohe Buchungsvolumen, welches sich aus der Bündelung vieler Advertiser ergibt, können Agenturen hohe Rabatte bei Platzierung in Premiumumfeldern generieren. Das Premiumumfeld umfasst die Werbeplätze auf Webseiten, die besonders begehrt sind. Jedoch gibt es auch einen Nachteil, der sich im Hinblick auf die Innovation zeigt. So werden aufgrund des Zeitdrucks neue Werbekanäle und Werbeformen nicht genutzt und es wird auf altbewährte Kanäle gesetzt, die dennoch meist gute Ergebnisse erzielen und man sich demnach auf die sichere Seite begibt.[22]

Der *Vermarkter* ist besonders für Publisher relevant, da dieser für eine optimale Auslastung des vorhandenen Werbeinventars sorgt. Durch die Bündelung verschiedener Publisher-Websites sorgt der Vermarkter für eine größere Reichweite und tritt als Vertreter für Publisher gegenüber Advertisern und Agenturen im Markt auf. Besonders für Premium-Publisher, aber auch für Advertiser und Agenturen, die auf bestimmten Premiumumfeldern werben wollen, ist der Vermarkter von großer Bedeutung. Premium-Publisher zeichnen sich dadurch aus, dass diese guten Content mit einer hohen Reichweite haben. Die Aufgabe des Vermarkters ist die Zuständigkeit für die Ad Server, das Targeting und das Reporting. Somit kann der Publisher sich vollständig auf sein Kerngeschäft fokussieren. Gerade kleine Publisher, die kein Geschäftsverhältnis zu den Mediaagenturen und Advertisern aufbauen können, profitieren vom Vermarkter. Durch die Bündelung der Reichweite gewinnen diese Publisher erst an Relevanz für größere Budgets. Ein großer Nachteil von Vermarktern ist jedoch die Abhängigkeit bezüglich der Premiumkampagnen. Sind zu wenige Premiumkampagnen vorhanden, steigt das Restplatzinventar beim Publisher.[23] Restplatzinventare sind die Inventare, die nicht gebucht worden sind. Diese Inventare werden dann mit sogenannten Waterfall-Buchungen zuerst an denjenigen angeboten, der am meisten zahlt. Wenn dieser jedoch die Werbefläche nicht voll auslasten kann, gibt er die Werbefläche über ein sogenanntes Passback zurück. Die Werbefläche wird danach an den Abnehmer mit dem zweithöchsten Preis verkauft. Kommt die Werbefläche erneut zurück, dann erhält es den niedrigsten Tausender- Kontakt-Preis (TKP).[24] Der TKP wird berechnet indem man den Preis der Schaltung durch die Bruttoreichweite dividiert

---

[22] Vgl. Schroeter, A. etal. (2012), S. 7.

[23] Vgl. ebd. S.8

[24] Vgl. Schott, A. (2014).

und diesen Quotienten dann mit 1000, welche für die Nutzeranzahl stehen, multipliziert. Der Publisher erhält dadurch wenig bzw. keinen Umsatz.

Ein *Ad Network* ist ein Werbenetzwerk, welches Advertiser und Publisher zusammenbringt. Es bündelt verschiedene Publisher, auch sehr kleine Publisher, deren Inhalte nicht denen eines Premium-Publishers entsprechen. Es bietet auch seine Tätigkeiten hinsichtlich Adserving, Targeting und Reporting an. Für Agenturen und Advertiser sind Ad Networks besonders interessant, da diese eine günstige Alternative zu den Vermarktern darstellen und performancebasierte Abrechnungsmodelle wie Cost-per-Click (CPC) zulassen. Die verschiedenen Publisher werden im Ad Network nach relevanten Reichweiten gebündelt und mit einem bestimmten Nutzerprofil wie *Fashion,* oder einer Targetingoption wie *Frauen,* angeboten.[25] Als essentielle Vorteile werden im Ad Network der günstige Preis, wodurch das Werbeinventar komplett verkauft werden kann und die große Reichweite gesehen. Jedoch werden durch den günstigen Preis auch schlechte Werbeeinblendungen, wie Erotik, angezogen. Zwar besteht für Publisher die Möglichkeit bestimmte Kategorien auszuschließen, jedoch sinkt dadurch die Greifbarkeit mancher Kampagnen.[26]

Eine weitere Möglichkeit um die Nachfrage und das Angebot zusammenzuführen sind *Ad Exchanges.* Diese wurden ursprünglich entwickelt, da zu viele Ad Networks zwischen Publishern und Advertisern existierten. Im Ad Exchange werden Ad Networks zusammengeführt, um das Handling für die Beteiligten zu erleichtern.[27] Advertiser und Publisher können auf diese Weise auf aggregiertes Inventar mehrerer Anbieter zugreifen.[28] Durch die Bündelung der unterschiedlichen Inventare auf einer Plattform, bildet diese eine große Reichweite für Advertiser und Agenturen und erzielt ebenfalls einen höheren Umsatz für Ad Networks. Ad Exchanges haben dieselben Nachteile wie Ad Networks. Zusätzliche Leistungen wie das Targeting werden nicht angeboten.[29] Um das Konstrukt besser zu verstehen, wird in Abbildung 5 eine Grafik zur Visualisierung dargestellt.

---

[25] Vgl. Schroeter, A. etal. (2012), S. 8f.

[26] Vgl. ebd. S.8f.

[27] Vgl. Kahl, T. (2014).

[28] Vgl. BDVW (2016). S. 91.

[29] Vgl. Schroeter, A. etal. (2012), S. 9.

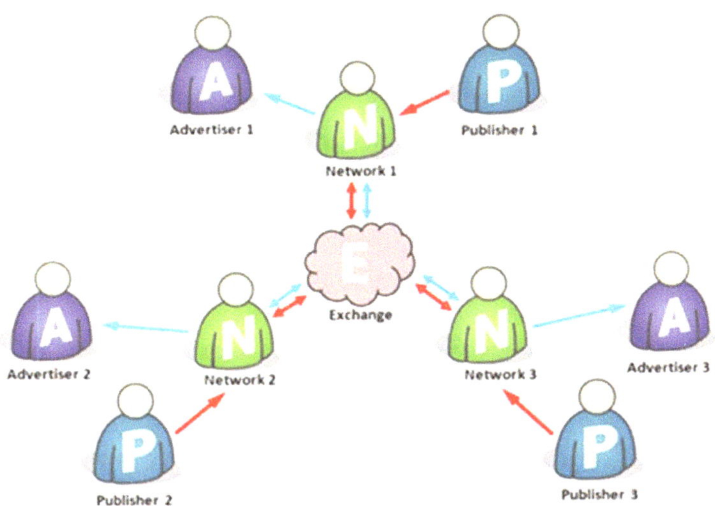

Abbildung 5: Beziehung zwischen Publisher, Advertiser, Ad Network und Ad Exchange[30]

2.3 Der Wandel durch Programmatic Advertising

Die klassischen Prozesse und Mechanismen des Marketings und der Werbung lassen sich auf den beschleunigten globalen Märkten und dem komplexen Mediasystem immer schwieriger steuern.[31] Die Werbung entsteht immer stärker automatisch und verändert die Strukturen, Prozesse und Geschäftsmodelle des Marktes.[32] Bis 2015 als Real Time Advertising (RTA) bekannt, entwickelt sich PA zu der Zukunft der datengetriebenen Online-Werbung. Wie aus Abschnitt 2.2 bereits bekannt, verläuft der klassische Prozess wie folgt: der Käufer bzw. seine Agentur fragt verfügbare Werbeflächen an, es werden Preise und Besonderheiten verhandelt und Tage oder Wochen später wird ein Auftrag freigegeben. Dieser Prozess läuft im PA standardisiert, automatisiert und digital ab.[33] Der Bundesverband Di-

---

[30] http://altitudedigital.com/company-blog/programmatic-advertising-deconstructed-vol-1-ad-networks/

[31] Vgl. Kiock, A. (2015), S. 11.

[32] Vgl.Ebd. S.10.

[33] Vgl. Scharnhorst, R., Jokschat, J. (2017), S.4.

gitale Wirtschaft (BVDW) gibt für PA folgende Begriffsdefinition vor: „Programmatic Advertising (=RTA) bezeichnet die automatisierte Aussteuerung einzelner Werbekontaktchancen in Echtzeit."[34]

Anders als im klassischen Display Advertising steht nicht das Werbeumfeld im Vordergrund, sondern der Nutzer. Es wird ein Werbeplatz bzw. eine Ad Impression gebucht, die einem Nutzer mit bestimmten Merkmalen zugeordnet ist. Voraussetzung für die Auslieferung sind Profile, welche bspw. das Surfverhalten sowie Interessen des Nutzers enthalten. Auf diese Weise kann z.B. ein Hersteller von Damenschuhen dafür sorgen, dass seine Werbung nur solchen Besuchern angezeigt wird, die zuvor Interesse an diesen Produkten gezeigt haben. Die Chance, dass diese Nutzer Schuhe kaufen ist auf diese Weise um ein vielfaches höher. So steht nicht mehr das Erreichen von möglichst vielen, sondern das Erreichen von möglichst relevanten Kontakten im Vordergrund. Es findet dementsprechend eine Abkehr von rein quantitativen mehr zu qualitativen Aspekten statt.[35] Der Kauf bzw. Verkauf der Ad Impressions erfolgt besonders durch Real Time Bidding (RTB). Nachfolgend wird der Begriff des RTB näher erläutert.

2.3.1 Programmatic Buying und Selling durch das Real Time Bidding

RTB benötigt eine technologisch komplexe Infrastruktur aufseiten des Käufers, wie auch des Verkäufers. Beide Seiten haben gegensätzliche Interessen. Die Käufer möchten möglichst günstig einkaufen und die Verkäufer teuer verkaufen. Diese zwei Seiten werden technologisch durch die Demand Side Plattform (DSP), welches das Programmatic Buying beschreibt und Sell Side Plattform bzw. Supply Side Plattform (SSP), welches das Programmatic Selling beschreibt, getrennt.[36] Nähere Erläuterungen zu DSP und SSP folgen in Kapitel 2.3.2. Damit die Akteure der zwei Seiten auf Basis einer Auktion zu einem Geschäft kommen, wird das RTB eingesetzt.

RTB beschreibt somit im PA das Bietverfahren, um den Preis einer Ad Impression in Echtzeit („real time") zu ermitteln. Befindet sich ein User auf einer Website, wird eine Ad Impression gemeldet. Vom Ad Exchange des SSP werden sogenannte Bid Requests (Anfragen) an die angebundenen DSPs und Ad Networks geschickt. Die DSP prüft welcher der Advertiser für die Ad Impression in Frage kommt und sendet eine Bid Response. Zu bemerken ist, dass nicht jeder User für

---

[34] Vgl. BDVW (2016), S.97.

[35] Vgl. Niesyto, J. (Hrsg.), Ukrow, J., Cole, M. D. (2017), S.25.

[36] Vgl. BDVW (2013), S.74f.

den Werbetreibenden den gleichen Wert hat.[37] Der Preis bzw. Wert einer Ad Impression richtet sich z.B. nach dem Inhalt der Webseite und den vorhandenen Informationen des Nutzers aus, der die Ad Impression ausgelöst hat.[38] Diese Informationen über den User liefern Cookies und dementsprechend beinhaltet das RTB auch das Targeting. Ist die Ad Impression interessant, geben mehrere Advertiser nun ihr Gebot ab. Der Advertiser mit dem höchsten Gebot gewinnt die Auktion und erhält den Zuschlag für seine Kampagne. Der Auktionsprozess des RTBs erfolgt innerhalb von etwa 100 Millisekunden und ist für den User kaum wahrnehmbar. In Abbildung 6 wird die Auktion mit mehreren Advertisern bildlich dargestellt.

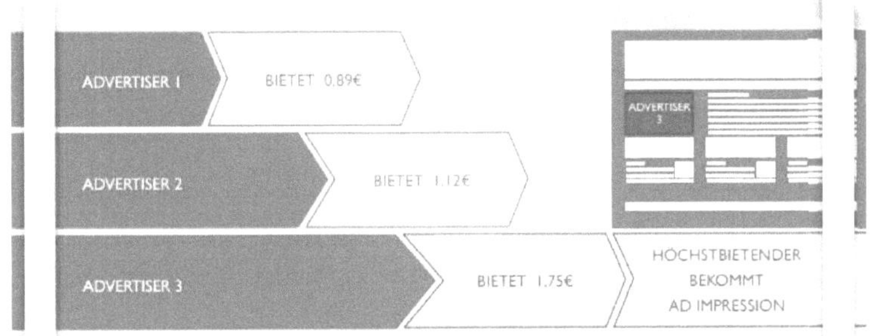

Abbildung 6: RTB-Verfahren mit der höchstbietenden Ad Impression[39]

Beim Preis ist ebenfalls zu unterscheiden, ob nach First Price Auction oder nach Second Price Auction geboten wird. Beim Ersteren zahlt der Höchstbietende genau den gebotenen Preis.[40] Beim Letzteren bildet sich der Preis durch das Gebot des Zweithöchstbietendem zuzüglich eines Cents.[41] Somit liegt der Preis über dem zweithöchsten Gebot, jedoch unter dem Höchstgebot. Es besteht außerdem vom Publisher bzw. Vermarkter die Möglichkeit einen Floor Price (dynamischer Mindestpreis) anzugeben, unter welchem er das Inventar nicht verkaufen möchte.[42] In Anhang 1 ist ein Werbeeinkauf in Echtzeit detaillierter dargestellt.

---

[37] Vgl. Reischl, S., Rinderle S. (2013), S.3.
[38] Vgl. BDVW (2013), S.18f.
[39] Reischl, S., Rinderle S. (2013), S. 3.
[40] Vgl. BVDW (2016), S. 95ff.
[41] Vgl. Busch, O. (Hrsg.) (2014), S.108.
[42] Vgl. BVDW (2016), S. 95ff.

2.3.2 Die Wertschöpfungskette des Programmatic Advertising

Durch die Digitalisierung ist die Wertschöpfungskette im Display-Marketing unverkennbar länger geworden. Neben den klassischen Akteuren, gibt es unterschiedlicher Plattformen, die die automatisierte Versteigerung von Werbeplätzen erst ermöglichen.

Eines der Plattformen stellt die SSP dar und regelt im PA-Ökosystem die Angebotsseite. Publishern wird durch die SSP eine Möglichkeit geboten das Werbeinventar automatisiert zu verkaufen. Dabei werden die Werbeinventare gesammelt auf der SSP zur Versteigerung durch das RTB-Verfahren an die Advertiser angeboten.

Die SSP bietet die Deal-Arten Open Auction und Private Auction an. Im ersten Modell ermöglicht der Publisher generell allen an die SSP angeschlossenen Bietern den Zugriff auf das angebotene Inventar. Die Private Auction hingegen erlaubt es Publishern ihr Inventar nur ausgewählten Kunden zu verkaufen. Die Einschränkung erfolgt über eine sogenannte Whitelist bzw. Blacklist.[43] Ziel der SSP ist es für jeden Publisher die optimale Vermarktung des Inventars zu erreichen und die Werbeerlöse zu maximieren.[44] Der Zugriff auf die SSP läuft meistens auf Provisionsbasis ab, bei der die SSP-Anbieter zwischen 10 und 30 % der Werbeerlöse für ihre Leistung einbehalten.

Eine weitere Plattform bildet die DSP, welche mit der SSP verbunden ist und somit die Nachfrageseite regelt. Mit Hilfe der DSP finden Advertiser die richtige Ad Impression für ihre gewünschte Zielgruppe. Durch die DSP können Werbeinventare effizient eingekauft werden und zugleich Statistiken über die Kosten und Reichweiten einer Kampagne eingesehen werden.[45]

DSPs werden in zwei verschiedene Systeme unterteilt, nämlich die Self-Service-DSP und die Managed-Service-DSP.[46] Bei den Self-Service-DSPs managen die Advertiser die Kampagnen über die Plattform eigenständig.[47] Besonders Advertiser, die das nötige Know-How für die Self-Service-DSP aufgebaut haben, profitieren von dieser Form des Kampagnenmanagements. So werden kostenintensive Agenturarbeiten nicht mehr benötigt und die komplette Kontrolle und Steuerung

---

[43] Vgl. BDVW (2015), S. 93f.

[44] Vgl. Deutscher Dialogmarketing Verband e.V. (Hrsg.) (2015), S.187.

[45] Vgl. Huber, J. (2015).

[46] Vgl . BVDW (2016), S. 94.

[47] Vgl. Busch, O. (Hrsg.) (2014), S. 111.

der Werbekampagne bleibt unternehmensintern.[48] Der Nachteil hingegen liegt beim hohen Ressourcenaufwand, da u.a. hoch qualifiziertes Personal benötigt wird.[49]

Bei einer Managed-Service-DSP hingegen wird das Kampagnenhandling an eine kompetente Agentur, die DSP anbietet, übergeben. Diese ist dann für die Beratung, Planung, Durchführung und das Reporting der Werbekampagne zuständig.[50] Der Vorteil hierbei ist, dass weder interne Ressourcen noch das Know-How erforderlich sind. Allerdings haben die Advertiser bei einer Managed-Service-DSP keinen Einfluss auf die Steuerung ihrer Kampagne.[51]

Ein weiterer und wichtiger Teilnehmer in der Wertschöpfungskette stellt die sogenannte Data Management Plattform (DMP) dar. Mit Hilfe einer DMP werden Daten der User, wie Verhaltensdaten, Profildaten, oder geographische Daten, gesammelt, zielgruppengerecht segmentiert und für Publisher, Mediaagenturen und die DSP bereitgestellt.[52] DMPs sind somit mit DSPs verbunden und ermöglichen so den automatisierten Mediaeinkauf. Daher bieten Anbieter von DMPs den Mediaeinkauf über eigene DSPs mit an und Anbieter von DSPs bringen die DMP mit.[53]

Die DMP hat eine Besonderheit bezüglich der zielgerechten Ansprache unbekannter Nutzer (z.B. kein Kundenkonto auf der Webseite). Sie kann in Echtzeit das Verhalten der User, die sich gerade auf einer Webseite aufhalten, analysieren und mit vorhandenen Nutzerprofilen vergleichen. Somit bildet die DMP mit den ermittelten Nutzerprofilen die Grundlage für die Bewertung der Ad Impression. Je mehr Daten die DMP sammelt, desto besser findet die Beurteilung der Ad Impression zu der Kampagne der Advertiser statt.[54] Die DMP sammelt Daten auf unterschiedlichen Wegen. Entweder die sogenannten Eigendaten, welche die Unternehmen direkt vom Kunden erheben, wie z.B. durch CRM-Systeme oder Login-Informationen (1st-Party-Data) und[55] Daten die zwar von anderen Publishern oder Advertisern erhoben, jedoch vom Unternehmen aufgekauft wurden (2nd-Party-

---

[48] Vgl. rtb Markt (2015).

[49] Vgl. Reischl, S., Rinderle S. (2013), S.6.

[50] Vgl. BVDW (2016), S. 94.

[51] Vgl. Reischl, S., Rinderle S. (2013), S.6.

[52] Vgl. Busch, O. (Hrsg.) (2014), S. 116.

[53] Vgl. Skoda, D. (2017).

[54] Vgl. 1&1 Internet SE (2016).

[55] Vgl. BVDW (2016), S. 90.

Data). Das bedeutet, dass Unternehmen ihre 1st-Party-Data untereinander tauschen.[56] Als dritte Möglichkeit existieren die sogenannten Fremddaten, die extern von Datenanbietern beschafft wurden (3rd-Party-Data)[57]. Durch diese verschiedenen Datenquellen entsteht eine Profilvielfalt, welche die Zielgruppensegmente noch näher definieren kann und so den Vorteil einer kundenindividuellen Ansprache ermöglicht.[58]

In Abbildung 7 wird das Programmatic-Advertising-Ökosystem zum besseren Verständnis grafisch dargestellt. Außerdem werden in Anhang 2 die deutschen Anbieter und in Anhang 3 die europäischen Anbieter auf dem Programmatic-Markt aufgezeigt.

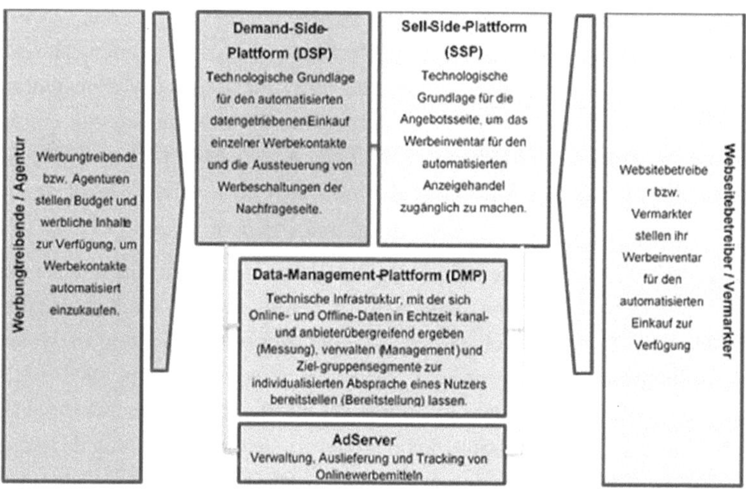

Abbildung 7: Das Programmatic-Advertising-Ökosystem[59]

Nachfolgend wird ein beispielhafter Ablauf einer Werbeausspielung über PA erklärt.

Ein User besucht eine Seite des Publishers und löst dadurch den Prozess aus. Der Publisher bietet diesen Werbeplatz auf der SSP an und sendet ein Angebot an die DSP. Der Advertiser hat im besten Fall einen DMP-Anbieter mit einer angebunden DSP. Die DMP sammelt und verarbeitet User-Daten aus unterschiedlichen

---

[56] Vgl. Sweeney, M. (2017).

[57] Vgl. BVDW (2016), S. 90.

[58] Vgl. Busch, O. (Hrsg.) (2014), S. 37.

[59] Vgl. BVDW (2016), S.6, eigene Darstellung.

Quellen und segmentiert diese zielgruppengerecht. Zu jedem Nutzer werden für die Wiedererkennung User-IDs erstellt. Diese Nutzerprofile werden an die DSP übermittelt. Die DSP prüft den Werbeplatz und das Nutzerprofil und gibt ein Angebot ab. Die SSP analysiert anschließend die verschiedenen Gebote der Advertiser, ermittelt den Gewinner und liefert die Ad Impression aus. Die Werbung des Advertisers, der die Auktion für sich entscheiden konnte, wird dem User angezeigt.[60] Abbildung 8 veranschaulicht den Prozess nochmals grafisch.

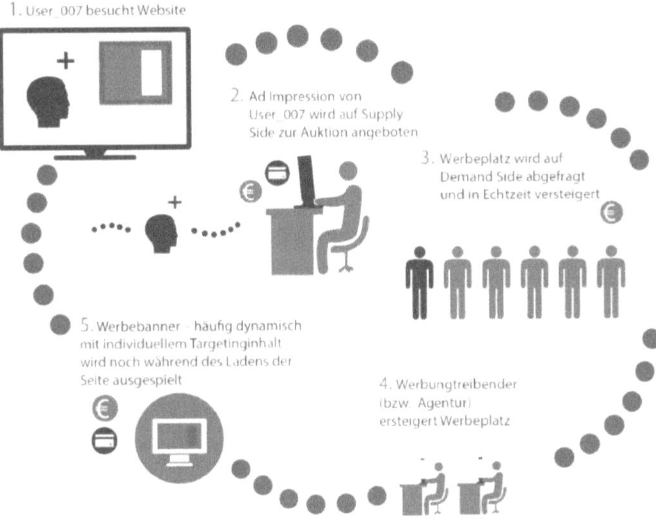

Abbildung 8: Ablauf im Programmatic Advertising.[61]

2.3.3 Erfolgsmessung im Programmatic Advertising

Um die Wirkung von PA berechnen zu können, sollte die Erfolgsmessung und -kontrolle nicht außer Acht gelassen werden. Neben den klassischen Key Performance Indikatoren

(KPIs) wie Cost per Click, Cost per Action,[62] Verhaltensänderungen oder Return on Investment (ROI)[63], kommen Faktoren wie die Sichtbarkeit der Werbemittel, Verweildauer auf der Zielseite oder Absprungraten hinzu, die für die Messung der

---

[60] Vgl. BVDW (2016), S. 188.

[61] Vgl. Resolution (2016).

[62] Vgl. BVDW (2016), S. 60.

[63] Vgl. Blue Summit Media GmbH (o.J.), S.6.

Kampagnen relevant sind.[64] Da im PA die Datenbank auf Zielgruppen basiert, sollte das Reporting dementsprechend ausgerichtet sein. Mit Hilfe der Kohortenanalyse kann bspw. ein Cluster der Nutzer mit gleichen demographischen Merkmalen analysiert und bewertet werden.[65] Ebenfalls kann der ROI ohne Erfolgsmessung nicht maximiert werden. Da im PA nicht immer klar ist, wo die Werbung ausgespielt wird und durch fehlende Flexibilität in Bezug auf das Werbeformat der Werbeerfolg beeinträchtigt werden kann, sollten Werbungtreibende den Kampagnenerfolg objektiv durch Marktforscher messen lassen.[66] Marktforscher sind in der Lage den ROI von Werbung zu messen. Zwei Aspekte sind hierbei wichtig:

Es sollte der Kontakt zur Kampagne möglichst passiv gemessen werden, um eine hohe Messgenauigkeit sicherzustellen. Des Weiteren werden die programmatischen Elemente als Bestandteil einer crossmedialen Gesamt-Kampagne betrachtet. Crossmediale Single-Source-Verbraucherpanels sind daher für die Erfolgsmessung von besonderer Bedeutung. Sie messen in der Regel für jeden einzelnen Kanal, welche Werbekontakte gleiche Konsumenten hatten.

Gesamtheitlich betrachtet ermöglicht diese Art von Erfolgsmessung einem großen E Commerce Portal folgende Erkenntnisse:

- Welcher Kanal einer Kampagne mehr Besucher auf eine Website lockt

- Wer am ehesten kauft

- Welche der programmatischen Online-Werbeelemente am stärksten wirken

Demnach kann die Verwendung von Marktforschungsdaten wie Verbraucherpanels ein tragender Erfolgsfaktor bei der Erfolgsmessung von PA sein.[67]

2.4 Vorteile und Nachteile des Programmatic Advertising im Vergleich zum klassischen Online-Display-Advertising

Durch PA wurden Prozesse standardisiert, automatisiert und digitalisiert, jedoch auch für einige Marktteilnehmer, die das nötige Know-How nicht aufweisen, erschwert. In diesem Kapitel wird sich mit den Vor- und Nachteilen von PA auseinandergesetzt.

---

[64] Vgl. BVDW (2016), S.97.

[65] Vgl. Blue Summit Media GmbH (o.J.), S.6.

[66] Vgl. BVDW (2016), S.69.

[67] Vgl. Rotberg, T. (2016).

Ein wichtiger Vorteil stellen die zielgruppendefinierten Ad Impressions dar. Mit Hilfe des automatisierten Prozesses im PA werden Kampagnen ohne großen manuellen und zeitlichen Aufwand auch für kleinste Zielgruppen erstellt und der Advertiser zahlt nur für Ad Impressions, die dieser Zielgruppe angezeigt werden. Die Abnahme einzelner Ad Impressions mit individuellem TKP bilden somit eine positive Größe im PA, anders als im klassischen Mediaeinkauf, bei welcher ganze Bündel zu einem Festpreis gekauft werden. Durch die Möglichkeit der Advertiser das Maximalgebot und die Maximalgesamtkosten einer Kampagne festzulegen, können kleinere Budgets effektiver genutzt werden und eine Kostenkontrolle wird gewährleistet. Zusammengefasst sind der Zeit- sowie der Kostenfaktor eine wichtige positive Eigenschaften im PA, wodurch der ROI einer Kampagne maximiert werden kann. Ein weiterer Vorteil des PA besteht darin, dass durch die vielen Targetingmöglichkeiten die optimale Zielgruppe angesprochen wird und so Streuverluste minimiert werden können.

PA bringt jedoch nicht nur Vorteile mit sich. So ist der Preis einer Ad Impression abhängig vom Nutzerprofil und kann dementsprechend teurer ausfallen. Allgemein ist PA in puncto Kosten höher als das klassische Display Advertising. Da die Werbung datengetrieben läuft, werden höhere Ressourcen in Bezug auf Technik und Know How benötigt. Durch die Komplexität kommen Unternehmen nicht umher ihre Mitarbeiter zu schulen, oder teure Agenturen einzusetzen. Ein weiterer Nachteil kann für Advertiser in Bezug auf die Datenquellen entstehen. Besonders bei Daten, die extern beschafft wurden, lässt sich schwer erkennen, ob diese verlässlich sind. Auch ist es schwieriger in Deutschland eine große Reichweite zu erzielen. Anders in den USA, dort sind die Datenschutzrichtlinien nicht so streng geregelt wie dies in Deutschland der Fall ist, was es hierzulande schwieriger macht Nutzerstatistiken zu erheben.[68]

---

[68] Vgl. Reischl, S., Rinderle S. (2013), S.4.

3 Status Quo - Der Datenschutz als Grundsatz im Programmatic Advertising

3.1 Die Geschichte des Datenschutzes

Als in Deutschland Mitte der sechziger Jahre die automatisierte Datenverarbeitung im Sozial- und Steuerwesen zum Einsatz kam, wuchs die Sorge der Bürger um unbefugte Nutzung und Gefährdung der Privatsphäre. Die Befürchtung, dass Daten missbraucht werden und der Staat eine Informationsmacht über seine Bürger ausübt, führte 1970 in Hessen letztendlich zum weltweit ersten Datenschutzgesetz.[69] Durch das Gesetz sollten u.a. elektronisch verarbeitete Daten so ermittelt, weitergeleitet und aufbewahrt werden, dass der Zugriff durch Unbefugte geschützt ist.

Die erste Fassung des BDSG wurde schließlich am 28. Januar 1977 verabschiedet. Es konzentrierte sich auf den Schutz vor Missbrauch personenbezogener Daten bei der Datenverarbeitung.[70] Den Grundstein des heutigen Datenschutzes bildet jedoch das im Jahre 1989 vom Bundesverfassungsgericht (BVerfG) verkündete Volkszählungsurteil. In diesem Urteil hat das BVerfG aus dem Grundgesetz Artikel 1 Abs. 1 *Würde des Menschen*[71] und Artikel 2 Abs. 1 *Freie Entfaltung und Persönlichkeit*[72] das „Recht auf informationelle Selbstbestimmung" abgeleitet und damit ein allgemein anerkanntes Grundrecht dargestellt.[73] Das BDSG wurde daraufhin mit dem § 1 Abs. 1 BDSG „[...] den Einzelnen davor zu schützen, dass er durch den Umgang mit seinen personenbezogenen Daten in seinem Persönlichkeitsrecht beeinträchtigt wird", reformiert.[74]

---

[69] Vgl. Witt, B. C., (2010), S.3f.

[70] Vgl. Bundeszentrale für politische Bildung (2017)

[71] „Die Würde des Menschen ist unantastbar. Sie zu schützen ist Verpflichtung aller staatlichen Gewalt".

[72] „Jeder hat das Recht auf die freie Entfaltung seiner Persönlichkeit, soweit er nicht die Rechte anderer verletzt und nicht gegen die verfassungsmäßige Ordnung oder das Sittengesetz verstößt".

[73] Vgl. Witt, B. C., (2010), S.47.

[74] Vgl. Bundeszentrale für politische Bildung (2017).

3.2 Gesetzliche Bestimmungen im Programmatic Advertising

Im Geschäftsmodell des PA spielen die gesetzlichen Bestimmungen eine relevante Rolle. Werbungtreibende bzw. deren Agenturen müssen sich mit den datenschutzrechtlichen Vorgaben auseinandersetzen, bevor sie bestimmte Maßnahmen im Bereich des Display Advertisings ergreifen. Der Datenschutz ist in unterschiedlichen Gesetzen zersplittert. In Deutschland sind im Online-Bereich besonders zwei gesetzliche Bestimmungen maßgeblich. Zum einen ist es das BDSG und zum anderen das TMG.[75] Auf der Ebene der Europäischen Union (EU) kommt noch die DSGVO hinzu.

3.2.1 Das deutsche Bundesdatenschutzgesetz

Der Zweck des BDSG besteht darin, den Einzelnen davor zu bewahren durch den Umgang mit seinen personenbezogenen Daten in seinem Persönlichkeitsrecht zu beeinträchtigen.[76] Das BDSG schützt somit den Betroffenen hinsichtlich. seiner personenbezogenen Daten vor der unzulässigen Erhebung, Verarbeitung und Nutzung durch die verantwortliche Stelle.[77]

Nachfolgend werden die wesentlichen Begriffe im Hinblick auf § 3 BDSG näher erläutert.

Personenbezogene Daten

Personenbezogene Daten sind nach § 3 Abs. 1 BDSG „Einzelangaben über persönliche oder sachliche Verhältnisse einer bestimmten oder bestimmbaren natürlichen Person (Betroffener)". Das BDSG begrenzt die Definition somit zum Ersten nur auf natürliche Personen. Juristische Personen, wie eine GmbH, eine AG oder eine Genossenschaft fallen nicht unter dem BDSG. Zum Zweiten schützt es alle Informationen, über die eine Person mühelos identifiziert werden kann. Solche sensiblen Daten können der Name, die Anschrift, die E-Mail-Adresse oder die Telefonnummer sein.

Ebenfalls zu beachten ist, inwiefern anonymisierte Daten dem BDSG unterliegen. Personenbezogene Daten werden bei der Anonymisierung derart verändert, dass nach § 3 Abs. BDSG „die Einzelangaben über persönliche oder sachliche Verhältnisse nicht mehr oder nur mit einem unverhältnismäßig großen Aufwand an Zeit, Kosten und Arbeitskraft einer bestimmten oder bestimmbaren natürlichen Person

---

[75] Vgl. BVDW (2016), S. 54.

[76] § 1 Abs. 1 BDSG.

[77] Vgl. Eichhorn, B., Heinze B., Tamm, G., Schuhmann, R. (2016), S.104.

zugeordnet werden können".[78] Somit müssen alle Identifizierungsmerkmale, die eine Folgerung auf den Nutzer schließen können, aus dem Datensatz entfernt werden. Da anonyme Daten rechtlich unproblematisch sind, genießen Onlinemarketingkampagnen hier einen größeren Spielraum in Bezug auf die Verarbeitung der Daten.[79] Entsprechendes gilt für pseudonyme Daten. Das Pseudonymisieren beschreibt nach § 3 Abs. 6a BDSG das „Ersetzen des Namens und anderer Identifikationsmerkmale durch ein Kennzeichen zu dem Zweck, die Bestimmung des Betroffenen auszuschließen oder wesentlich zu erschweren". Während beim Anonymisieren die Zuordnung zu einer Person vollständig fehlt, gibt es beim Pseudonymisieren eine Zuordnungsregel, die es dem Kenner der Regel ermöglicht diese Pseudonymisierung wieder rückgängig zu machen.

Auch dynamische IP-Adressen stellen laut des Urteils des Europäischen Gerichtshofs (EuGH)[80] und der Bestätigung des Bundesgerichtshofs (BGH)[81] ein personenbezogenes Datum dar. Zwar handelt es sich aus Sicht des Webseitenbetreibers bei einer IP-Adresse nur um eine Nummer, falls aber dieser über rechtliche Mittel verfügt, um einen Personenbezug herstellen zu können, darf er diese nicht mehr speichern.

Erhebung, Verarbeitung und Nutzung von Daten

Die Begriffe Erhebung, Verarbeitung und Nutzung kommen an fast allen Stellen des BDSG zum Einsatz und sind somit ein wichtiger Bestandteil für das Verständnis.

Erhebung ist in § 3 Abs. BDSG als „das Beschaffen von Daten über den Betroffenen" definiert.

Der Begriff Verarbeitung beschreibt gemäß § 3 Abs. 4 BDSG das Speichern, Verändern, Übermitteln, Sperren und Löschen von personenbezogenen Daten. Dabei werden die einzelnen Begriffe in Nr. 1 bis 5 näher erläutert. Speichern definiert das Erfassen, Aufnehmen oder Aufbewahren personenbezogener Daten auf einem Datenträger um ihre weitere Verarbeitung oder Nutzung zu ermöglichen. Verändern steht für die inhaltliche Umgestaltung gespeicherter personenbezogener Daten. Übermitteln wird als „das Bekanntgeben gespeicherter oder durch Datenverarbeitung gewonnener personenbezogener Daten an einen Dritten" definiert.

---

[78] § 3 BDSG Abs. 6.

[79] Vgl. Hopf, G. (Hrsg.), Bauer, C., Greve, G. (2011), S. 99.

[80] Vgl. EuGH vom 19.10.2016, Aktenzeichen C-582/14.

[81] Vgl. BGH vom 16.05.2017, Aktenzeichen VI ZR 135/13.

Sperren beschreibt den Vorgang, der gespeicherte personenbezogene Daten so kennzeichnet, dass eine weitere Verarbeitung oder Nutzung eingeschränkt wird. Schließlich wird der Begriff des Löschens als „die Unkenntlichmachung gespeicherter personenbezogener Daten" definiert.[82]

Nutzen ist i.S.d. § 3 Abs. 5 BDSG die Verwendung personenbezogener Daten, soweit es sich nicht um Verarbeitung handelt. Abbildung 9 zeigt den Zusammenhang der o.g. Begrifflichkeiten.

Personenbezogene Daten werden von der sogenannten verantwortlichen Stelle entweder für sich selbst, oder im Auftrag durch andere erhoben, verarbeitet oder genutzt[83]. Näheres hierzu folgt in den Unterabschnitten 3.2.1.3 und 3.2.1.4.

Abbildung 9: Schritte der Datenverarbeitung nach dem BDSG[84]

Verantwortliche Stelle

Unter der verantwortlichen Stelle ist gemäß § 3 Abs. 7 BDSG jede Person oder Stelle, die personenbezogenen Daten für sich selbst, oder durch andere erhebt, verarbeitet oder nutzt, zu verstehen. Eine verantwortliche Stelle kann somit derjenige sein, der eigenständig oder unter Heranziehen eines anderen einen Datenumgang aus Eigeninteresse veranlasst.[85] Verantwortliche Stellen können gemäß § 1 Abs. Satz 2 BDSG öffentliche und nicht öffentliche Stellen sein. Öffentliche Stellen sind u.a. Behörden des Bundes oder der Länder. Nicht öffentliche Stellen

---

[82] Vgl. § 3 Abs. 4 Nr. 1 bis 5 BDSG.

[83] Vgl. § 3 Abs. 7 BDSG.

[84] Kroschwald S. (2015), S. 109.

[85] Vgl. Kroschwald S. (2015), S. 111.

sind nach § 2 Abs. 4 natürliche und juristische Personen, Gesellschaften und andere Personenvereinigungen des privaten Rechts.

Auftragsdatenverarbeitung

Werden personenbezogene Daten nicht von der verantwortlichen Stelle selbst, sondern von einer anderen Stelle erhoben, verarbeitet oder genutzt, handelt es sich um eine sogenannte Auftragsdatenverarbeitung.[86] Die Verantwortung für die ordnungsgemäße Datenverarbeitung durch den Auftragnehmer trägt gemäß § 11 Abs. 1 BDSG die verantwortliche Stelle (der Auftraggeber). Die Erhebung, Verarbeitung und Nutzung unterliegt folglich den Weisungen des Auftraggebers.[87]

Eine Auftragsdatenverarbeitung ist zwischen Auftraggeber und Auftragnehmer in einem schriftlichen Vertrag festzuhalten. Die Mindest-Vertragsinhalte sind vom Gesetzgeber in zehn Punkten vorgegeben:

1. Der Gegenstand und die Dauer des Auftrags

2. Der Umfang, die Art und der Zweck der vorgesehenen Erhebung, Verarbeitung oder Nutzung von Daten, die Art der Daten und der Kreis der Betroffenen

3. Die nach § 9 BDSG zu treffenden technischen und organisatorischen Maßnahmen

4. Die Berichtigung, Löschung und Sperrung von Daten

5. Die nach Abs. 4 bestehenden Pflichten des Auftragnehmers, insbesondere die von ihm vorzunehmenden Kontrollen

6. Die etwaige Berechtigung zur Begründung von Unterauftragsverhältnissen

7. Die Kontrollrechte des Auftraggebers und die entsprechenden Duldungs- und Mitwirkungspflichten des Auftragnehmers

8. Mitzuteilende Verstöße des Auftragnehmers oder der bei ihm beschäftigten Personen gegen Vorschriften zum Schutz personenbezogener Daten oder gegen die im Auftrag getroffenen Festlegungen

9. Der Umfang der Weisungsbefugnisse, die sich der Auftraggeber gegenüber dem Auftragnehmer vorbehält

---

[86] § 11 BDSG.

[87] § 11 Abs. 3 BDSG.

10. Die Rückgabe überlassener Datenträger und die Löschung beim Auftragnehmer gespeicherter Daten nach Beendigung des Auftrags[88]

Wird ein Auftrag zur Auftragsdatenverarbeitung nicht richtig, nicht vollständig oder nicht in der vorgeschriebenen Weise erteilt, handelt es sich gemäß § 43 BDSG um eine Ordnungswidrigkeit, die mit einem Bußgeld von bis zu 50.000,- Euro geahndet wird.[89]

3.2.2 Das deutsche Telemediengesetz

Das TMG, welches am 01. März 2007 in Kraft getreten ist, regelt die rechtlichen Rahmenbedingungen für sogenannte Telemedien (z.B. Internet). Die datenschutz-rechtlichen Regelungen sind insbesondere in den §§ 11 bis 15a TMG enthalten.

Die Erhebung und Verarbeitung personenbezogener Daten im Online-Bereich ist nur zulässig, wenn diese gesetzlich erlaubt ist, oder der Betroffene einwilligt.[90] Die Voraussetzungen für die Einwilligung sind in § 13 Abs. 1 TMG geregelt. So ist der Betroffene über Art, Umfang, Ort und Zweck der Erhebung und Nutzung seiner Daten vor der Erhebung zu informieren.

Im Bereich der personenbezogenen Daten unterschiedet das TMG zwischen Be-standsdaten und Nutzungsdaten.

Definiert werden Bestandsdaten in § 14 Abs. 1 TMG als „die für die Begründung, inhaltliche Ausgestaltung oder Änderung eines Vertragsverhältnisses zwischen dem Diensteanbieter und dem Nutzer über die Nutzung von Telemedien erforder-lichen Daten". Zu den Bestanddaten zählen u.a. Name, Anschrift oder Telefon-nummer.[91] Somit dürfen diese personenbezogenen Daten ohne Einwilligung für den o.g. Zweck erfasst werden. Bestandsdaten dürfen nur in besonderen Fällen an Dritte weitergegeben werden, so z.B. für Zwecke der Strafverfolgung.[92]

Nutzungsdaten sind personenbezogene Daten, die der Diensteanbieter benötigt, um die Inanspruchnahme von Telemedien zu ermöglichen. Zu den Nutzungsdaten zählen Merkmale zur Identifikation des Nutzers, Angabe über Beginn und Ende

---

[88] Vgl. § 11 Abs. 2 BDSG.

[89] Vgl. § 43 Abs. 3 BDSG.

[90] § 12 Abs. 1 TMG.

[91] Vgl. Eichhorn, B., etal. (2016), S.117.

[92] § 14 Abs. 2 TMG.

der jeweiligen Nutzung und Angaben über die vom Nutzer in Anspruch genommenen Telemedien.[93] Ein Beispiel für Nutzungsdaten sind Angaben, wann sich welcher Nutzer in sein Konto ein- und ausgeloggt hatte[94]. Gemäß § 15 Abs. 3 TMG darf der Diensteanbieter[95] Nutzungsprofile von den Nutzern der Webseite nur für Zwecke der Werbung oder der Marktforschung erstellen und auch nur, wenn diese pseudonymisiert sind. Der Nutzer hat ebenfalls nach dieser Vorschrift ein Widerspruchsrecht, über welches ihn der Diensteanbieter zu unterrichten hat. Der Widerspruch erfolgt durch das sogenannte Opt-Out-Prinzip, welches dem Nutzer ermöglicht durch das Deaktivieren der Cookies im Browser keine Informationen an den Diensteanbieter weiterzugeben.[96] Nutzerprofile dürfen jedoch nicht mit Daten über den Träger des Pseudonyms zusammengeführt werden.[97]

3.2.3 Die europäische Datenschutz-Grundverordnung

Seit 1995 gilt in der EU durch die Verabschiedung der EU Datenschutz Richtlinien eine gemeinsame Vorschrift bezüglich des Datenschutzes. Jedoch wurden diese Richtlinien in den einzelnen Mitgliedsstaaten sehr unterschiedlich ausgelegt und so wurde im Januar 2012 von der EU-Kommission zur Modernisierung des europäischen Datenschutzes eine EU-Datenschutzreform vorgestellt. Ziel ist es ein einheitliches Datenschutzgesetz für die EU zu schaffen. Anders als bei den Datenschutz-Richtlinien, die von den Mitgliedstaaten in nationales Recht umgesetzt werden mussten, gilt die neue DSGVO unmittelbar in allen Mitgliedsstaaten.[98] Da die DSGVO noch einige Regelungsspielräume enthält, haben die Mitgliedsstatten gemäß Art. 99 Abs. 2 DSGVO zwei Jahre Zeit die neuen Regelungen in nationale Gesetze zu übernehmen bzw. anzupassen. Deutschland war in dieser Hinsicht sehr zügig. Der Deutsche Bundestag hat am 27. April 2017 ein neues BDSG, nachfolgend BDSG-neu genannt, beschlossen, welches sich an die Vorgaben der DSGVO richtet. Der Bundesrat hat am 12. Mai 2017 seine Zustimmung

---

[93] § 15 Abs. 1 TMG.

[94] Vgl. Kroschwald S. (2015), S.173.

[95] § 2 Abs. 1 TMG „jede natürliche oder juristische Person, die eigene oder fremde Telemedien zur Nutzung bereithält oder den Zugang zur Nutzung vermittelt", bspw. Onlineshop-Betreiber.

[96] Vgl. Schroeter, A. etal. (2012), S. 26.

[97] Vgl. § 15 Abs. 3 TMG.

[98] Vgl. Hülsmann, W. (2017).

zum Gesetz erteilt. Lediglich die Unterschrift des Bundespräsidenten fehlt noch. Das neue BDSG soll am 25. Mai 2018 mit der DSGVO in Kraft treten.[99]

3.3 Die sieben Grundsätze des Datenschutzes

Der Datenschutz stellt eine komplexe Materie dar. Um die Vermittlung erfolgreich zu gestalten und auch für Laien verständlicher zu machen, wurden die sogenannten „Sieben Goldenen Regeln des Datenschutzes" aus den Anforderungen abgeleitet. Diese Grundsätze fokussieren sich auf die wesentlichen Regeln des Datenschutzes.[100]

Der erste Grundsatz lautet *Verbot mit Erlaubnisvorbehalt* oder auch *Rechtmäßigkeit*. Denn nach § 4 Abs. 1 BDSG ist die Erhebung, Verarbeitung und Nutzung personenbezogener Daten nur dann zulässig, wenn es *dieses Gesetz* oder *andere Rechtsvorschriften* erlaubt, oder der Betroffene eingewilligt bzw. die Einwilligung des Nutzers bereits vorliegt. So ist bspw. nach § 28 Abs. 1 Satz 1 BDSG die Verarbeitung personenbezogener Daten zur Erfüllung des Vertragsverhältnisses rechtmäßig. Der Arbeitgeber darf in diesem Fall personenbezogene Daten speichern und verarbeiten. Andere Rechtsvorschriften wären u.a. das TMG, die die Erhebung und Verarbeitung von personenbezogenen Daten regelt.

Die *Einwilligung* stellt die zweite „Goldene Regel des Datenschutzes" dar. Nach § 4a Abs. 1 BDSG ist die Einwilligung nur dann wirksam, wenn sie auf der freien Entscheidung des Betroffenen beruht und der Betroffene auf den Zweck der Erhebung, Verarbeitung oder Nutzung und der Verweigerung der Einwilligung hingewiesen wurde. Grundsätzlich muss die Einwilligung gemäß § 4a Abs. 1 BDSG in Schriftform erfolgen. Im Online Bereich kommt jedoch § 13 Abs. 2 TMG in Betracht. In diesem Fall ist eine elektronische Einwilligung möglich, wie bspw. durch das Setzen eines Häkchens.

Personenbezogene Daten dürfen nur für den Zweck genutzt werden, zu dem sie erhoben wurden. Die *Zweckbindung* stellt somit einen weiteren Grundsatz des Datenschutzes dar. Gemäß § 28 Abs. 1 S. 2 BDSG ist der geplante Zweck bereits bei der Erhebung konkret festzulegen. Ebenso ist der Betroffene nach § 4 Abs. 3 S. 2 BDSG über den Verwendungszweck der Datenerhebung zu informieren. Steht eine Zweckänderung bevor, so ist erneut eine Einwilligung vom Betroffenen

---

[99] Vgl. BVDW (2017).
[100] Vgl. Bizer, J. (2007), S. 350.

oder eine gesetzliche Regelung erforderlich. Werden Kundendaten für Marktforschungen oder Werbung verwendet, ist darauf vor der Erhebung hinzuweisen. Denn nach § 28 Abs. 4 BDSG hat der Betroffene ein Widerspruchsrecht, falls er die Verarbeitung oder Nutzung seiner Daten für Zwecke der Werbung oder der Marktforschung nicht wünscht. Auf sein Recht zum Widerspruch ist der Betroffene ebenfalls zu unterrichten.

Ein weiterer Grundsatz des Datenschutzes ist die *Erforderlichkeit*. Das bedeutet, dass nur so viele personenbezogene Daten erhoben, verwendet oder genutzt werden sollen, wie es mit den Betroffenen vereinbart oder im Gesetz wegen des Verwendungszwecks erlaubt wurde. Gemäß § 28 Abs. 1 S. 1 Nr. 2 BDSG besagt, dass Daten nur erhoben, gespeichert, verändert oder übermittelt werden dürfen, es „zur Wahrung berechtigter Interessen der verantwortlichen Stelle erforderlich ist". Durch die Nutzung nur erforderlicher personenbezogener Daten soll die datensparsame Technikgestaltung ermöglicht werden. Im § 3a S. 1 BDSG ist die Datenvermeidung sowie die Datensparsamkeit geregelt. So heißt es, dass so wenig personenbezogene Daten wie möglich zu erheben, verarbeiten und nutzen sind. Auch im Hinblick auf die Auswahl und Gestaltung von Datenverarbeitungssystemen. Wenn diese Daten nicht mehr benötigt werden, so sind diese gemäß § 35 Abs. 2 S. 2 Nr. 3 BDSG zu löschen.

Werden personenbezogene Daten erhoben und verarbeitet, müssen diese außerdem gegenüber dem Betroffenen transparent sein. Der Grundsatz der *Transparenz* lehnt sich am Inhalt des informationellen Selbstbestimmungsrechts an. Der Betroffene soll wissen können, wer welche Informationen über ihn hat. Zwar werden personenbezogene Daten generell beim Betroffenen erhoben[101], jedoch gibt es Ausnahmen, die ohne die Mitwirkung des Betroffenen Datenerhebungen zulässt[102]. In diesem Fall muss der Betroffene nachträglich unterrichtet werden. In jedem Fall ist der Betroffene aber über die Erhebung seiner personenbezogenen Daten von der verantwortlichen Stelle zu benachrichtigen. Gemäß § 4 Absatz 3 BDSG muss die Benachrichtigung die Identität der verantwortlichen Stelle, den Zweck der Verarbeitung und die Kategorien der Empfänger beinhalten. Werden die Daten jedoch nicht direkt beim Betroffenen erhoben, sondern von Dritten oder gar heimlich, so ist dieser gemäß § 33 Abs. 1 BDSG ebenfalls nachträglich zu informieren. Der Betroffene hat nach § 34 Abs. 1 BDSG auch einen Auskunftsan-

---

[101] Vgl. § 4 Abs. 2 S. 1 BDSG.
[102] Vgl. § 4 Abs. 2 S. 2 BDSG.

spruch. So hat die verantwortliche Stelle Auskunft zu erteilen über die gespeicherten Daten zur betroffenen Person, den Empfänger oder die Kategorien von Empfängern, an die Daten weitergegeben wurden. Außerdem ist der Zweck der Speicherung offen zu legen.

Die *Datensicherheit* umfasst den nächsten Grundsatz des Datenschutzes. Erst, wenn personenbezogene Daten sicher verarbeitet werden, ist ein Datenschutz garantiert. Im BDSG wird in § 9 BDSG von technischen und organisatorischen Maßnahmen gesprochen. Technische Maßnahmen bilden die Maßnahmen durch technische Einstellungen und Vorkehrungen, wie bspw. Zugangssicherungen durch ein Passwort. Organisatorische Maßnahmen beschreiben dagegen die Zuständigkeit und Verantwortung der Datenverarbeitung.[103] Der Gesetzgeber sagt jedoch, dass nur Maßnahmen erforderlich sind, dessen Aufwand „in einem angemessenen Verhältnis zu dem angestrebten Schutzzweck steht"[104]. Werden Daten automatisiert verarbeitet, gilt es die in der Anlage zu § 9 BDSG Anforderungen einzuhalten.

Diese Anforderungen sind:

1. Eine *Zutrittskontrolle* zu schaffen und somit Unbefugten den Zutritt zu Datenverarbeitungsanlagen, mit denen personenbezogene Daten verarbeitet oder genutzt werden, unmöglich zu machen

2. Eine *Zugangskontrolle* durchzuführen und somit zu verhindern, dass Datenverarbeitungssysteme von Unbefugten genutzt werden können

3. Eine *Zugriffskontrolle* zu gewährleisten, dass die zur Benutzung eines Datenverarbeitungssystems Berechtigten ausschließlich auf die ihrer Zugriffsberechtigung unterliegenden Daten zugreifen können. Darüber hinaus personenbezogene Daten bei der Verarbeitung, Nutzung und nach der Speicherung nicht unbefugt gelesen, kopiert, verändert oder entfernt werden können

4. Eine *Weitergabekontrolle* zu errichten, sodass personenbezogene Daten bei der elektronischen Übertragung oder während ihres Transports oder ihrer Speicherung auf Datenträger nicht unbefugt gelesen, kopiert, verändert oder entfernt werden können. Außerdem eine Überprüfung und Feststellung möglich sind, an welcher Stelle eine Übermittlung personenbezogener Daten durch Einrichtungen zur Datenübertragung vorgesehen ist

---

[103] Vgl. Bizer, J. (2007), S. 355.
[104] Vgl. § 9 S. 2 BDSG.

5. Eine *Eingabekontrolle* sicherzustellen, sodass nachträglich überprüft und festgestellt werden kann, ob und von wem personenbezogene Daten in Datenverarbeitungssysteme eingegeben, verändert oder entfernt worden sind

6. Eine *Auftragskontrolle* zu kreieren, damit personenbezogene Daten, die im Auftrag verarbeitet werden, nur entsprechend den Weisungen des Auftraggebers verarbeitbar sind

7. Eine *Verfügbarkeitskontrolle* zu ermöglichen, sodass personenbezogene Daten gegen zufällige Zerstörung oder Verlust geschützt sind

8. Zu gewährleisten, dass zu unterschiedlichen Zwecken erhobene Daten getrennt verarbeitbar sind

Mit dem Grundsatz der *Kontrolle* werden die „7 Goldenen Regeln des Datenschutzes" abgeschlossen. Die Datenverarbeitung unterliegt sowohl einer internen als auch einer externen Kontrolle. Zu dem internen Kontrollinstrument zählt der betriebliche Datenschutzbeauftragte.[105] Seine Aufgaben sind in § 4g Abs.1 BDSG geregelt. So überwacht er die ordnungsgemäße Anwendung der Datenverarbeitungsprogramme und schult die Personen mit den Vorschriften der Gesetze zum Datenschutz. Ein Datenschutzbeauftragter für nicht öffentliche Stellen ist jedoch erst zu bestellen, wenn mehr als neun Personen mit der automatisierten Verarbeitung personenbezogener Daten beschäftigt sind.[106] Für die externe Kontrolle ist gemäß § 38 BDSG die Aufsichtsbehörde verantwortlich. Die Tätigkeit der Aufsichtsbehörde ist die Prüfung, ob die Vorschriften über den Datenschutz eingehalten werden. Eine weitere Möglichkeit zur Kontrolle bzw. Verbesserung des Datenschutzes und der Datensicherheit stellt nach § 9a BDSG der freiwillige Datenschutzaudit dar. Das Datenschutzkonzept kann auf diese Weise durch unabhängige Gutachter geprüft und bewertet werden.

---

[105] Vgl. § 4f BDSG.

[106] Vgl. § 4f Abs. 1 BDSG.

4 Die europäische Datenschutz-Grundverordnung in Hinblick auf Programmatic Advertising

4.1 Die Modernisierung der Datenschutzgesetze

Wie bereits in Abschnitt 3.2.3 erwähnt, ist am 25. Mai 2016 die DSGVO in Kraft getreten. Nach der Übergangfrist von zwei Jahren kommt sie am 25. Mai 2018 zur Anwendung und ist somit in allen Mitgliedstaaten der EU unmittelbar geltendes Recht.[107] Die Übergangsfrist sollen die Mitgliedstaaten zur Anpassung ihrer Datenschutzgesetze nutzen. Deutschland hat dies bereits mit dem Datenschutzanpassungs- und Umsetzungsgesetz (DSAnpUG) mit dem darin in Artikel 1 enthaltenen BDSG-neu umgesetzt. Ebenfalls am 25. Mai 2018 soll die ePrivacy Verordnung in Kraft treten, welche besonders im Hinblick auf Cookies relevant ist. Nachfolgend werden inhaltliche Schwerpunkte der DSGVO, des BDSG-neu und der ePrivacy Verordnung erläutert.

4.1.1 Die reformierte Datenschutz-Grundverordnung

Die DSGVO (2016/679) wurde vom Europäischen Parlament und des Rates der EU erlassen. Die DSGVO besteht aus 11 Kapiteln und 99 Artikeln, die in Erwägung aus 173 Gründen erlassen wurden. Ziel der Novellierung ist den Datenschutz unionsweit zu vereinheitlichen und einen „kohärenten und durchsetzbaren Rechtsrahmen im Bereich des Datenschutzes in der Union" zu schaffen.[108] Außerdem soll die Vereinheitlichung des Datenschutzes gleiche wirtschaftliche Bedingungen in der EU schaffen und damit den Binnenmarkt stärken.[109]

Gegenstand und Ziel der DSGVO ist es personenbezogene Daten natürlicher Personen zu schützen.[110] Da die DSGVO generell auf jede Verarbeitung personenbezogener Daten anwendbar ist, werden die bestehenden nationalen Gesetze durch diese verdrängt. Jedoch räumt die DSGVO den Mitgliedstaaten 70 Regelungsspielräume[111] ein, sodass die EU-Staaten noch eigene Regelungen auftragen können. Der räumliche Anwendungsbereich der DSGVO finden sich in Art. 3 DSGVO. Hierzu hat die DSGVO mit dem erweiterten Anwendungsbereich, dem

---

[107] Vgl. Art. 99 Abs. 2 DSGVO.

[108] Vgl. Erwägungsgrund 3, 9 und 13 DSGVO.

[109] Vgl. Erwägungsgrund 5, 9 und 13 DSGVO.

[110] Vgl. Art. 1 DSGVO.

[111] Vgl. Roßnagel, A. (2017), S. 269f.

sogenannten Markttorprinzip[112], eine Neuregelung geschaffen. So heißt es in Art. 3 abs. 2 DSGVO, dass die Verordnung Anwendung auf die Verarbeitung personenbezogener Daten von betroffenen Personen findet, die sich selbst in der EU befinden, der Verantwortliche[113] oder Auftragsverarbeiter[114] selbst jedoch im EU-Ausland niedergelassen ist. Somit schützt die DSGVO nicht nur die betroffene Person deren personenbezogene Daten von Unternehmen mit Sitz in der EU verarbeitet werden, sondern auch von Verantwortlichen, die im Drittland sitzen.

Art. 4 DSGVO befasst sich mit den Begriffsbestimmungen. Neben den bereits bekannten Begriffen aus dem BDSG, wurden auch neue Begriffe definiert. So wird der Begriff der personenbezogenen Daten nicht wie im BDSG mit „bestimmten oder bestimmbare"[115], sondern „identifizierte oder identifizierbare" natürliche Person erläutert.[116] Die begriffliche Unterscheidung zwischen Erhebung, Verarbeitung und Nutzung, wie es im BDSG vorgenommen wird, gibt es ebenfalls nicht mehr. Stattdessen wird der Begriff *Verarbeitung* benutzt.[117]

Auch der Begriff des Profilings stellt eine Neuerung in der DSGVO dar. Dieser wird in Art. 4 Abs. 4 DSGVO in die Begriffsbestimmungen neu eingeführt und als die automatisierte Verarbeitung personenbezogener Daten definiert, die darauf abzielt, persönliche Aspekte der natürlichen Person zu bewerten und das Verhalten zu analysieren oder vorherzusagen. Persönliche Aspekte können die Gesundheit, Vorlieben, Interessen, das Verhalten oder den Aufenthaltsort umfassen. Somit wird ein persönliches Profil einer Person erstellt. Das Profiling unterliegt den gleichen Vorschriften, wie die Verarbeitung personenbezogener Daten.[118]

Ein weiterer Fortschritt in der DSGVO sind die Begrifflichkeiten der genetischen und biometrischen[119] Daten. Biometrische Daten könnten in der Zukunft der mobilen Marktforschung eine Rolle spielen, auch wenn die Potenziale der nutzbaren

---

[112] Vgl. Roßnagel A. (2016), S. 561f.

[113] Vgl. Art. 4 Abs. 7 DSGVO, Synonym für die verantwortliche Stelle nach § 3 Abs. 7 BDSG.

[114] Vgl. Art. 4 Abs. 8 DSGVO, Synonym für Auftragnehmer nach § 11 BDSG.

[115] Vgl. § 3 Abs. 1 BDSG.

[116] Vgl. Art. 4 Abs. 1 DSGVO.

[117] Vgl. Art. 4 Abs. 2 DSGVO.

[118] Vgl. Erwägungsgrund 72 DSGVO.

[119] Vgl. Art. 4 Abs. 13 und 14 DSGVO.

Technologien diesbezüglich noch nicht voll ausgeschöpft wurden.[120] Die DSGVO schafft aber nunmehr eine gesetzliche Regelung, auf die sich zurückgreifen lässt.

Die bereits geltenden Grundsätze des BDSG aus Abschnitt 3.3, wie etwa Rechtmäßigkeit und Zweckbindung, wurden auch in der DSGVO im Wesentlichen beibehalten. Einige der Prinzipien wurden jedoch in strengeren Vorschriften weiterentwickelt. Nachfolgend sind die Grundsätze aufgezählt, mit welchen sich Kapitel 2 der DSGVO beschäftigt:[121]

1. Rechtmäßigkeit, Verarbeitung nach Treue und Glauben, Transparenz
2. Zweckbindung
3. Datenminimierung
4. Richtigkeit
5. Speicherbegrenzung
6. Integrität und Vertraulichkeit
7. Rechenschaftspflicht[121]

Wie auch im geltenden deutschen Datenschutzrecht unterliegen die Datenverarbeitungsvorgänge dem Erlaubnisvorbehalt. So ist die Datenverarbeitung grundsätzlich verboten und nur dann zulässig, wenn die betroffene Person ausdrücklich die Verarbeitung seiner personenbezogenen Daten gestattet, oder eine gesetzliche Legitimation hierfür vorliegt.[122] Die nach den §§ 3a und 4 BDSG maßgeblichen Grundsätze der Zweckbindung und Datensparsamkeit finden sich in Art. 5 Abs. 1 lit. b und c DSGVO wieder.

Der Grundsatz der Speicherbegrenzung geht ebenso einher mit dem Prinzip der Datensparsamkeit aus dem BDSG. So besagt Art. 5 Abs. 1 lit. e, dass der Verantwortliche personenbezogene Daten nicht länger speichern darf, als es für den Zweck der Verarbeitung notwendig ist. Personenbezogene Daten sind auch so zu verarbeiten, dass eine entsprechende Sicherheit dieser Daten zu gewährleisten ist. Der Verantwortliche muss den Schutz der Daten durch geeignete technische und organisatorische Maßnahmen sicherstellen.[123] Neu in Bezug auf die Grundsätze ist die Rechenschaftspflicht. Gemäß Art. 5 Abs. 2 DSGVO muss der Verantwort-

---

[120] Vgl. Froböse M., Thurm M. (2016): Marketing, S. 56.

[121] Vgl. Art. 5 DSGVO.

[122] Vgl. Art. 6 Abs. 1 lit. a und c DSGVO.

[123] Vgl. Art. 5 Abs. 1 lit. f DSGVO.

liche die Einhaltung aller Grundsätze nachweisen können. Sind personenbezogene Daten nicht richtig, müssen diese nach dem Grundsatz der Richtigkeit unverzüglich gelöscht oder berichtigt werden.[124]

Eine spezielle Art des Löschungsanspruchs wurde in der DSGVO mit dem „Recht auf Vergessenwerden" geschaffen. Diese Regelung besagt, dass der Verantwortliche auf Wunsch der betroffenen Person nicht nur die Daten bei sich löschen muss, sondern auch Dritte zu informieren hat, die vom Verantwortlichen veröffentlichte Daten zu löschen. Diese jedoch im Rahmen des wirtschaftlich und technisch Machbaren. Die Löschungspflicht umfasst neben den Daten und den Datenkopien, auch Links zu diesen Daten und Kopien.[125]

Der Begriff der Einwilligung wird in Art. 4 Abs. 11 DSGVO i.V.m. Erwägungsgrund 40 definiert. Wesentliche Änderungen sind, dass die Einwilligung in Schriftform nicht mehr gefordert wird. Stattdessen verlangt der Gesetzgeber eine „unmissverständlich abgegebene Willensbekundung in Form einer Erklärung oder einer sonstigen eindeutigen bestätigten Handlung".[126] Eine bestätigte Handlung wäre im Online-Bereich das Anklicken eines Kästchens. Keine Einwilligung stellt laut Erwägungsgrund 32 zur DSGVO das Stillschweigen, bereits angekreuzte Kästchen oder Untätigkeit der betroffenen Person. Die Bedingungen für die Einwilligung werden in Art. 7 und 8 DSGVO beschrieben. Die in Art. 7 DSGVO genannten Bedingungen wie Recht auf Widerruf oder die Freiwilligkeit[127] sind bereits aus dem BDSG bekannt. Jedoch ist die Vorgabe in Art. 7 Abs. 1 DSGVO neu hinzugekommen. So heißt es, dass der Nachweis der Einwilligung der betroffenen Person seitens des Verantwortlichen erfolgen muss.

Eine Neuerung hinsichtlich der Verarbeitungserlaubnis Minderjähriger im Internet findet sich in Art. 8 DSGVO. Gemäß Art. 8 Abs. 1 DSGVO ist die Einwilligung eines Kindes rechtmäßig, wenn es das 16. Lebensjahr vollendet hat. Jedoch können die Mitgliedstaaten eigene nationale Regelungen für das Mindestalter bestimmen, wenn diese allerdings das 13. Lebensjahr nicht unterschreitet. Dieser Artikel stellt somit eine Regelung dar, welche den Mitgliedstaaten einen Spielraum gewährt. Einwilligungserklärungen von Minderjährigen sind gemäß Art. 8

---

[124] Vgl. Art. 5 Abs. 1 lit. d DSGVO.

[125] Vgl. Art. 17 Abs. 2 DSGVO.

[126] Erwägungsgrund 40 zu DSGVO.

[127] Vgl. Art. 7 Abs. 3 4 DSGVO.

Abs. 2 DSGVO nur noch gültig, wenn eine Zustimmung eines Erziehungsberechtigten vorliegt. Wie dagegen das Alter im Internet genau geprüft werden soll, ist fraglich. Eventuell müssen Online-Händler Altersverifikationssysteme einsetzen.

Personenbezogene Daten werden auch in Zukunft nur auf der Grundlage besonderer Erlaubnistatbestände verarbeitet werden dürfen. So sind nach Art. 6 Abs. 1 lit. a bis f DSGVO mindestens eine der nachstehenden sechs Bedingungen zu erfüllen, um die Verarbeitung der Daten als rechtmäßig geltend zu machen:

1. Es liegt eine Einwilligung der betroffenen Person vor, die es erlaubt seine personenbezogenen Daten für einen oder mehrere Zwecke zu verarbeiten.

2. Die Verarbeitung ist für die Erfüllung eines Vertrages, dessen Vertragspartei die betroffene Person ist, oder zur Durchführung vorvertraglicher Maßnahmen erforderlich, die auf Anfrage der betroffenen Person erfolgen.

3. Die Verarbeitung ist zur Erfüllung einer rechtlichen Verpflichtung erforderlich, der der Verantwortliche unterliegt.

4. Die Verarbeitung ist erforderlich, um lebenswichtige Interessen der betroffenen Person oder einer anderen natürlichen Person zu schützen.

5. Die Verarbeitung liegt öffentlichen Interesse oder ist in Ausübung öffentlicher Gewalt erfolgt, die dem Verantwortlichen übertragen wurde.

6. Die Verarbeitung ist zur Wahrung der berechtigten Interessen des Verantwortlichen oder eines Dritten erforderlich und die Interessen oder Grundrechte und Grundfreiheiten der betroffenen Person werden nicht überwogen.

Besonders die Verarbeitung personenbezogener Daten zur Wahrung berechtigter Interessen wird im Bereich des Online-Marketings eine wichtige Rolle spielen. Aus dem Erwägungsgrund 47 geht hervor, dass die Verarbeitung personenbezogener Daten zum Zwecke der Direktwerbung als eine einem berechtigten interessendienende Verarbeitung betrachtet werden kann, solange die persönlichkeitsrechtlichen Belange des Geworbenen die Werbeinteressen nicht überwiegen.

Artikel 28 DSGVO beschreibt die Regelungen der Auftragsverarbeiter. Die Auftragsverarbeitung im Auftrag eines Verantwortlichen wurde unionsweit einheitlich geregelt. Die neuen Regelungen orientieren sich inhaltlich stark an dem bekannten § 11 BDSG, dennoch sind einige Unterschiede zu verzeichnen. Zunächst wurden einige sprachliche Änderungen vorgenommen. So spricht die DSGVO vom Auftragsverarbeiter und dem für die Verarbeitung Verantwortlichen. Wie auch nach dem BDSG bekannt, darf der Auftragsverarbeiter nach Art. 29 DSGVO die Daten nur auf Weisung des für die Verarbeitung Verantwortlichen verarbeiten.

Bei einem Verstoß dieser Regelung wird er nach Art. 28 Abs. 10 DSGVO selbst zum Verantwortlichen. Eine Neuregelung stellt Art. 3 DSGVO dar. Gemäß dieser Regelung ist eine Datenverarbeitung im Auftrag auch außerhalb der EU möglich. Inhaltlich orientiert sich der Vertrag (Mustervertrag in Anhang 4) zur Datenverarbeitung im Auftrag nahe der bereits im BDSG bekannten Punkte. Nach Art. 28 Abs. 3 DSGVO sind folgende Punkte zu regeln:

1. Gegenstand und Dauer der Verarbeitung

2. Art und Zweck der Verarbeitung

3. Art der personenbezogenen Daten & Kategorien von betroffenen Personen

4. Umfang der Weisungsbefugnisse

5. Verpflichtung der zur Verarbeitung befugten Personen zur Vertraulichkeit

6. Sicherstellung von technischen & organisatorischen Maßnahmen

7. Hinzuziehung von Subunternehmern

8. Unterstützung des für die Verarbeitung Verantwortlichen bei Anfragen und Ansprüchen Betroffener

9. Unterstützung des für die Verarbeitung Verantwortlichen bei der Meldepflicht bei Datenschutzverletzungen

10. Rückgabe oder Löschung personenbezogener Daten nach Abschluss der Auftragsdatenverarbeitung

11. Kontrollrechte des für die Verarbeitung Verantwortlichen und Duldungspflichten des Auftragsverarbeiters

12. Pflicht des Auftragsverarbeiters, den Verantwortlichen zu informieren, falls eine Weisung gegen Datenschutzrecht verstößt

Neuerungen gibt es ebenso hinsichtlich des Datenschutzbeauftragten. Das BDSG besagt nach § 4f Abs. 1 S. 4, dass ein Datenschutzbeauftragter bestellt werden muss, wenn in Unternehmen mehr als neun Personen mit der automatisierten Verarbeitung personenbezogener Daten beschäftigt sind. Diese Regelung ist in der DSGVO nicht mehr enthalten. Nach Art. 37 Abs. 1 DSGVO besteht die Pflicht zur Benennung eines Datenschutzbeauftragten nur noch in bestimmten Fällen. Jedoch haben nach Art. 37 Abs. 4 DSGVO die Mitgliedstaaten das Recht, eigene Regelungen auf nationaler Ebene zu treffen. Somit handelt es sich auch hier um einen Regelungsspielraum zugunsten der nationalen Vorschriften.

Bei Verstößen gegen die Regelungen der DSGVO werden hohe Sanktionen geführt. Gemäß Art. 83 Abs. 4 können bei Verstößen gegen die dort genannten Verpflichtungen Geldbußen von bis zu 10 000 000 EUR und von bis zu 2 % des gesamten Jahresumsatzes eines Konzerns verhängt werden. Bei Verstößen gegen die in Art. 83 Abs. 5 DSGVO genannten Bedingungen kann das Bußgeld sogar bis zu 20 000 000 EUR oder bis zu 4 % des gesamten Jahresumsatzes eines Konzerns betragen. Auch gegen Auftragsverarbeiter können Bußgelder zukünftig verhängt werden. Ob und in welcher Höhe die Geldbußen verhängt werden, ist nach den in Art. 83 Abs. 1 und Abs. 2 genannten Kriterien abhängig. So wird u.a. die Art, Schwere und Dauer des Verstoßes, Vorsätzlichkeit oder Fahrlässigkeit des Verstoßes oder Maßnahmen, die zur Minderung des Schadens vorgenommen wurde, in Betracht gezogen. Verstöße können u.a. von betroffenen Personen bei Aufsichtsbehörden gemeldet werden. Da betroffene Personen die Verarbeitung ihrer Daten kaum überblicken und keinen Einfluss ausüben können, werden ihre Grundrechte durch die Aufsichtsbehörden als unabhängige Instanz überwacht.[128] „Um zur einheitlichen Anwendung dieser Verordnung in der gesamten Union beizutragen"[129], müssen die Aufsichtsbehörden im Rahmen des Kohärenzverfahrens zusammenarbeiten.

Durch die DSGVO fällt nicht nur das geltende BDSG weg, sondern ebenfalls das TMG. Besonders Abschnitt 4 des TMG, welches sich ab §§ 11 bis 15 konkret mit dem Datenschutz befasst, sind betroffen. Vergleichbare Regelungen, die hierzu Anwendung finden, können allerdings Art. 12 bis 14 DSGVO darstellen. Diese befassen sich mit den Rechten der betroffenen Person bezüglich transparenter Informationen, Kommunikation und Modalitäten[130] und die Informationspflicht der Verantwortlichen gegenüber der betroffenen Person bei der Erhebung seiner personenbezogenen Daten zum einen, wenn diese vom Verantwortlichen erhoben wurden,[131] zum anderen, wenn die personenbezogenen Daten von anderen Stellen erhoben wurden.[132] Diese Informationspflichten finden sich bspw. in § 13 TMG wieder. Grundsätzlich können jedoch die Erlaubnistatbestände aus Art. 6 Abs. 1 DSGVO auch für Webseitenbetreiber Anwendung finden.

---

[128] Vgl. Roßnagel, A. (2017), S. 28.

[129] Art. 63 DSGVO.

[130] Vgl. Art. 12 DSGVO.

[131] Vgl. Art. 13 DSGVO.

[132] Vgl. Art. 14 DSGVO.

Da die DSGVO keine expliziten Regelungen für den Umgang mit Telemedien konzipiert hat, wurde ein Entwurf für eine ePrivacy Verordnung erarbeitet, auf die in Abschnitt 4.1.3 näher eingegangen wurde.

4.1.2 Das neue Bundesdatenschutzgesetz

Am 27. April 2017 hat der Bundestag den Entwurf des DSAnpUG mit dem darin in Artikel 1 enthaltenen BDSG-neu verabschiedet. Der Bundesrat gab am 12. Mai 2017 seine Zustimmung zum Gesetz.[133] Das DSAnpUG soll die Regelungsspielräume der DSGVO gestalten und die EU-Richtlinie zum Datenschutz bei der Vorbeugung und Verfolgung von Straftaten im deutschen Recht umsetzen.[134] Da das BDSG-neu lediglich eine Ergänzung zu der DSGVO darstellt, regelt es daher nur bestimmte Bereiche des Datenschutzes. Während das geltende BDSG aus 48 Paragraphen besteht, hat sich das BDSG-neu mit 85 Paragraphen verteilt auf vier Teilen fast verdoppelt.[135] Nachfolgend werden die wesentlichen Ergänzungen zu der DSGVO und Änderungen zum geltenden BDSG beschrieben.

Im Bereich der zulässigen Zweckänderung bei der Verarbeitung personenbezogener Daten nach Art. 6 Abs. 4 DSGVO, hat das BDSG-neu in § 24 Ergänzungen hinzugefügt. So ist wie bisher gemäß § 28 Abs. 2 Nr. 2 BDSG eine Verarbeitung für einen anderen Zweck zulässig, wenn sie „zur Abwehr von Gefahren für die staatliche oder öffentliche Sicherheit oder zur Verfolgung von Straftaten" erfolgt. Neu ist jedoch, dass die zweckändernde Verarbeitung auch zulässig ist „zur Geltendmachung, Ausübung oder Verteidigung zivilrechtlicher Ansprüche".[136]

In der ehemals gültigen EU Datenschutz-Richtlinie (1995/46) war die Zusammenarbeit der „Kontrollstellen" schon in Art. 28 Abs. 6 geregelt, jedoch inhaltlich nicht weiter ausgeführt. Durch die DSGVO Art. 60 angeregt, wurde auch das BDSG-neu hinsichtlich der Amtshilfe detaillierter festgelegt.

Wesentliche fünf Faktoren regeln diese:

1. Gemäß § 82 Abs. 1 BDSG-neu sieht der Gesetzgeber Auskunftsersuchen und aufsichtsbezogene Maßnahmen, beispielsweise die Konsultation oder Nachprüfungen und Untersuchungen vor.

---

[133] Vgl. Beschluss des Bundesrates 332/17 vom 12.05.2017.

[134] Vgl. Deutscher Bundestag (2017).

[135] Vgl. Roßnagel, A. (2017), S. 269f.

[136] § 24 DSAnpUG.

2. Gemäß § 82 Abs. 2 BDSG-neu ist das Ersuchen der Amtshilfe unverzüglich und spätestens innerhalb eines Monats nach deren Eingang nachzukommen. § 82 Abs. 7 BDSG-neu besagt, dass die Frist bei Erhalt aller erforderlichen Informationen einschließlich des Zwecks der Begründung beginnt.

3. Die Gründe für eine Ablehnung der Amtshilfe sind gemäß § 82 Abs. 3 BDSG-neu geregelt und werden nur bei Unzuständigkeit oder Rechtsverstoß herangezogen. Sie sind der ersuchenden Behörde zu erläutern.

4. Die Übermittlung soll gemäß § 82 Abs. 5 BDSG-neu elektronisch und in einem standardisierten Format erfolgen. Die Kommission regelt gemäß Art. 61 Abs. 9 DSGVO die Ausgestaltung des elektronischen Informationsaustauschs.

5. Gemäß § 82 Abs. 6 BDSG-neu ist geregelt, sofern keine Kostenerstattungen zwischen den Behörden vereinbart sind, Amtshilfeersuchen kostenfrei zu erledigen sind.

Unverändert bleibt im neuen BDSG die bis dato geltende Verpflichtung, dass verarbeitende Stellen auch im nicht öffentlichen Sektor regelmäßig einen Datenschutzbeauftragten berufen müssen. Soweit Unternehmen mindestens zehn Personen ständig mit der automatisierten Verarbeitung personenbezogener Daten beschäftigen, ist gemäß § 38 Abs. 1 BDSG-neu die Benennung eines Datenschutzbeauftragten erforderlich. Mit dieser Regelung bestimmt der deutsche Gesetzgeber eine Vorschrift, welche sich von den meisten anderen Rechtsordnungen unterscheidet, jedoch hierzulande als bewährt gilt. Sogar unabhängig von der Anzahl der mit der Verarbeitung beschäftigten Personen ist ein Datenschutzbeauftragter erforderlich, wenn Datenschutz-Folgenabschätzungen gemäß Art. 35 DSGVO sowie der geschäftsmäßigen Datenverarbeitung zwecks Übermittlung, anonymisierter Übermittlung oder für Zwecke der Markt- oder Meinungsforschung vorliegen. § 38 Abs. 1 BDSG-neu ist demnach zusätzlich zu Art. 37 Abs. 1 lit. b und c DSGVO zu bemerken. Diese regeln die Benennung eines Datenschutzbeauftragten.[137]

Die DSGVO enthält wie bereits in Abschnitt 4.1.1. erwähnt, in den Art. 83 und 84 Regelungen zu Sanktionen bei Datenschutzverstoßen. Dort wird praktisch jeder Verstoß gegen Datenschutzvorschriften sanktioniert und die Höhe der Geldbußen wurde drastisch erhöht. Solche Vorschriften sind demnach auch gemäß den §§ 41-

---

43 BDSG-neu enthalten. Diese Regelungen knüpfen an die Bußgeldtatbestände der DSGVO an und verhängen weitere Sanktionen je nach Schwere der Zuwiderhandlung. § 41 BDSG-neu regelt die Anwendung der Vorschriften über das Bußgeld- und Strafverfahren bei Verstößen gegen die DSGVO. §§ 42 und 43 BDSG-neu enthalten Straf- und Bußgeldvorschriften.

4.1.3 Die neue E-Privacy-Grundverordnung

Am 10.01.2017 hat die EU-Kommission den offiziellen Entwurf der neuen ePrivacy-Verordnung vorgestellt. Die Verordnung soll die heutige Datenschutzrichtlinie für elektronische Kommunikation ePrivacy-Richtlinie (2002/58/EG) und die dazu in ergänzende sogenannte Cookie-Richtlinie (2009/136/EG) ablösen. Die Verordnung präzisiert und ergänzt die DSGVO in Bezug auf die Bereitstellung und Nutzung elektronischer Kommunikationsdienste.[138] Die ePrivacy-Verordnung soll ebenfalls mit der DSGVO und dem BDSG-neu am 25. Mai 2008 in Kraft treten und damit ein unmittelbar geltendes Recht in der EU darstellen.

In Deutschland gilt bisher § 13 Abs. 3 TMG für die Verwendung von Cookies. Dieser schreibt eine Opt-Out-Möglichkeit für Nutzer vor. Webseitenbetreiber, die bspw. Cookies für die eigene Webseite verwenden, müssen die Nutzer informieren und die Möglichkeit des Widerspruchs von Verwendung der Cookies geben.[139] In der Regel geschieht dies durch die sogenannten „Cookie-Banner", welche beim Aufrufen der Webseiten eingeblendet werden. Siehe hierzu Abbildung 10.

---

[138] Vgl. Art. 1 Abs. 1, 3 ePrivacy-Verordnung.
[139] Vgl. § 15 Abs. 3 TMG.

Abbildung 10: Cookie-Banner von H&M.[140]

Allein der Besuch einer Website durch den Endverbraucher darf nicht als Einverständnis in gesonderte Datenverarbeitung aufgefasst werden. Die aktuell klassischen Banner mit dem Inhalt „Wir benutzen Cookies" und einem OK-Button werden nicht mehr gestattet sein, da der Nutzer keine reelle Wahl hinsichtlich der Zustimmung in gesonderter Datenverarbeitung hat. Es reicht auch nicht aus darauf hinzuweisen, dass der Nutzer in seinem Browser bestimmte Datenschutzeinstellungen treffen kann. Stattdessen muss der Nutzer beim ersten Aufruf der Website und vor der ersten Platzierung eines Cookies einen Hinweis über die Verwendung von Cookies erhalten, mit der Wahl dafür oder dagegen zu stimmen. Dargestellt werden kann es durch ein Banner oder ein Hinweisfenster, das nicht übersehbar sein darf. Der Nutzer muss eigenständig auf „Zustimmen" klicken, somit wird aus der Opt-out- eine Opt-in-Abfrage. Setzt der Nutzer keine Einwilligung in Fragen Cookies, dürfen diese auch nicht platziert werden. Er muss im Falle der Ablehnung dennoch in der Lage sein, die Website normal zu nutzen (Erwägungsgrund 42 der DSGVO). Darüber hinaus muss der Webseitenbetreiber dem Nutzer auch die Möglichkeit überlassen, jederzeit eine getätigte Einwilligung im Rahmen einer Opt-out Lösung umzukehren. Weiterhin sollen Webseitenbetreiber die Browsereinstellung „Do Not Track" von jedem Nutzer abfragen, da dies bereits das Ablehnen der Cookies festlegt. Diese Änderung im Rahmen der ePrivacy-Verordnung wird für Webseitenbetreiber einen nicht unerheblichen Aufwand und damit verbundene Kosten bedeuten.[141]

---

[140] Vgl. Eigene Darstellung. Als Basis dient ein Screenshot durch ein mobiles Endgerät des Onlineshops http://www.hm.de.

[141] Vgl. Mezger, L. (2017).

Die Erwägungsgründe 21 bis 24 beschäftigen sich explizit mit der Verwendung von Tracking-Cookies und 3rd-Party-Cookies, sowie den Datenschutzeinstellungen hierzu. Die EU-Kommission rief die Browser-Hersteller dazu auf, den Nutzern eine einfache und transparente Möglichkeit bei der Einstellung zum Datenschutz zu geben. Die Hersteller sollen in den Browser-Einstellungen den Nutzern eine Auswahl zwischen bspw. „Alle Cookies ablehnen", „3rd-Party-Cookies ablehnen" und „Nur 1st-Party-Cookies akzeptieren" ermöglichen.[142]

Art. 9 ePrivacy-Verordnung regelt die Form der Einwilligung wie in Art. 7 der DSGVO beschrieben. Das bedeutet, dass für die Einwilligung die Formfreiheit gilt. Jedoch muss die Einwilligung nachweisbar dokumentiert und kann jederzeit widerrufen werden.

4.2 Die Rolle der Akteure im Programmatic Advertising gemäß der Datenschutz-Grundverordnung

Nach den Beurteilungen der Begrifflichkeiten in den Datenschutzgesetzten und die wesentlichen Regelungen vor allem in Bezug auf den Online-Bereich, werden in diesem Abschnitt die verschiedenen Akteure nach ihren datenschutzrechtlichen Rollen beurteilt.

4.2.1 Advertiser und Publisher

Wie bereits erläutert, handelt es sich bei Advertisern um Werbetreibende, die ihre Werbung auf Seiten der Publisher schalten.

Um die Werbung an den richtigen Nutzer auszuspielen, müssen Advertiser diese kennen. Informationen über die Nutzer erhalten Advertiser bspw. über Cookies oder Login-Informationen. Da Advertiser diese Daten selbst erheben, handelt es sich um 1st-Party-Daten. Nach der Begriffsdefinition gemäß Art. 4 Abs. 7 DSGVO stellen Advertiser somit Verantwortliche dar. Sie entscheiden somit nach den Vorgaben der Datenschutzgesetze über die Zwecke und Mittel der Verarbeitung personenbezogener Daten. Für die Verarbeitung dieser benötigen Advertiser die Einwilligung der Nutzer. Wie bereits in Abschnitt 4.1.1 beschrieben, wird eine eindeutig bestätigte Einwilligung benötigt. Folglich müssen Advertiser dafür Sorge tragen, dass Nutzer durch ein Anklicken eines Kästchens im Online-Bereich oder durch eine schriftliche Einwilligung mit der Datenverarbeitung einverstan-

---

[142] Vgl. Erwägungsgründe 21 bis 24 ePrivacy-Verordnung.

den sind. Denn der Verantwortliche muss auch nachweisen können, dass eine Einwilligung seitens der Nutzer vorhanden ist. Auch müssen Advertiser gemäß Art. 7 Abs. 3 DSGVO die Nutzer auf das Widerrufsrecht aufmerksam machen. Grundsätzlich bewegen sich Advertiser auf der sicheren Seite, wenn sie eine klare und einfach formulierte Datenschutzerklärung mit den wichtigsten Informationen für Nutzer auf ihrer Webseite angeben. Diese Informationen sollten u.a. die Rechte der Nutzer, wie Recht auf Berichtigung oder Löschung der personenbezogenen Daten, Informationen über verwendete Cookies und der Hinweis auf die Möglichkeit einer Deaktivierung dieser Cookies beinhalten.

Der Publisher ist ein Webseitenbetreiber, der freie Werbeplätze an Advertiser vergibt. Für ihn gelten bei der Erhebung personenbezogener Daten, prinzipiell die gleichen Regelungen wie die o.g. des Advertisers.

4.2.2 Mediaagentur und Vermarkter

Mediaagenturen arbeiten im Auftrag der Advertiser bezüglich der Werbemittelschaltung auf Webseiten der Publisher. Erhalten Mediaagenturen personenbezogene Daten von Advertisern, stellen sie gemäß Art. 4 Abs. 7 DSGVO Auftragsverarbeiter dar. Mediaagenturen nutzen nicht nur die direkten Daten der Advertiser, sondern auch 2nd-Party-Daten von Medienpartnern, um diese in der DMP zu verarbeiten.

Vermarkter agieren hinsichtlich des Verkaufs der Werbeplätze im Auftrag der Publisher. Demnach handelt es sich ebenso um eine Auftragsverarbeitung im Auftrag der verantwortlichen Stelle.

4.2.3 Data Management Plattform

Um die DMP, SSP und DSP datenschutzrechtlich zu beurteilen, ist es notwendig ihre Zusammenhänge bezüglich der Datenübermittlungen zu kennen.

Die DMP stellt eine zentrale Rolle im PA dar. Die Plattform führt Nutzerdaten aus verschiedenen Geräten und Quellen zusammen, erstellt Nutzerprofile und verwaltet diese. Dadurch ist die DMP direkt mit den Datenschutzgesetzen konfrontiert. Eine DMP erhebt Daten nicht nur selbst, wie etwa durch Cookies, sondern erhält auch 1st-Party-Daten von seinen Kunden, nämlich Advertisern und Publishern, oder bezieht sie aus anderen Kanälen. Durch diese Datenvielfalt können spezifische Nutzerprofile erstellt werden.

Ist ein Nutzer auf verschiedenen Onlineshops mit unterschiedlichen Angeboten unterwegs, so werden mit Hilfe der auf den Webseiten platzierten Cookies Daten der Nutzer gesammelt und die DMP kann aus diesen erhobenen Daten Nutzerprofile erstellen. Ein solches Nutzerprofil repräsentiert aber auch unzählige andere Nutzer im WWW. Befindet sich nun ein anderer Nutzer auf einer Publisherwebseite, sendet die SSP ein Bid-Request an die DSP. Die DSP muss anschließend prüfen, ob dieser Nutzer einen Wert für seine Werbung hat. Die Infos über die Nutzer erhält die DSP von der DMP. Ist der Nutzer interessant, gibt die DSP ein Angebot ab.

Abbildung 11 zeigt das Zusammenspiel der DSP, SSP und DMP zur visuellen Hilfestellung.

Abbildung 11: Die Interaktion der DSP, SSP und DMP.[143]

Datenschutzrechtlich gesehen, arbeitet die DMP im Auftrag von Advertisern und Publishern und gilt folglich als Auftragsverarbeiter. Verantwortliche für die Datenverarbeitung seitens der DMP sind somit die Advertiser und Publisher. Im Hinblick auf die Datenerhebung ist jedoch abzugrenzen aus welcher Datenquelle die DMP die Daten erhält. Sammelt die DMP personenbezogene Daten selbst und verarbeitet diese, handelt sie in diesem Fall als Verantwortlicher. Die DMP muss die Nachweisbarkeit ihrer Datenherkunft ebenfalls darstellen und diese bei Bedarf auch löschen.

Bezüglich der Datenübermittlung ist abzugrenzen, ob die DSP und DMP von einem Anbieter kommen, oder sich zwei verschiedene Anbieter dahinter verbergen. Beim ersteren ist die Datensicherheit seitens der DMP gesichert, da hier „unternehmensintern" Daten übermittelt werden. Liefert die DMP Daten jedoch an eine DSP aus, die ein Dritter steuert, muss hier die Datensicherheit und eventueller Datenverlust gesichert werden.

---

[143] Orbisoft (2014).

4.3 Einflussnahme der Datenschutz-Grundverordnung auf das Geschäftsmodell im Programmatic Advertising

Grundsätzlich bleibt die Rechtslage hinsichtlich des Geschäftsmodells des PAs bestehen. Eine ernsthafte Gefährdung der Online Branche ist somit nicht gegeben. Die deutschen Grundprinzipien wie „Datenvermeidung und Datensparsamkeit", „Zweckbindung", „Verbot mit Erlaubnisvorbehalts" und „Transparenz" bleiben bestehen. Nichtsdestotrotz gibt es Änderungen durch die DSGVO, welche Unternehmen, die im Online Marketing tätig sind, vor große Herausforderungen stellt. Bis zum 28.05.2018 müssen diese ihre Strukturen und Prozesse umgesetzt haben, die der Einführung des neuen EU-weit gültigen Datenschutzgesetzes dienen. Im Bereich des Online-Marketings und speziell beim Kontakt mit potentiellen Neukunden aber auch Bestandskunden werden sich datenschutzrechtliche Änderungen zeigen.

Bußgelder bei jeglichen Arten von Verstößen gegen die neuen Regelungen werden teurer. Zukünftig können Bußgelder bis zu 10 Mio. EUR bzw. 20 Mio. EUR verhängt werden.

Das Profiling stellt zwar eine wichtige Erneuerung dar, besonders im Bereich der personalisierten Werbung, jedoch werden auch hier keine Beeinträchtigungen sichtbar. Das Profiling kann durch die Stützung des Art. 22 Abs. 2 DSGVO grundsätzlich als zulässig bewertet werden. Jedoch muss bei dieser Argumentation abgewartet werden, wie zukünftige Rechtsprechungen ausfallen.

Folgenabschätzung besonders dann, wenn systematische und detaillierte Bewertung persönlicher Aspekte von Personen gegeben ist, die auf automatisierte Verarbeitung einschließlich Profiling beruht. Diese Folgenabschätzung muss eine systematische Beschreibung der geplanten Verarbeitungsvorgänge und der Zwecke der Verarbeitung umfassen, sowie eine Bewertung der Notwendigkeit der Verarbeitungsvorgänge hinsichtlich des Zwecks. Außerdem eine Bewertung der Risiken für die Rechte und Freiheiten der betroffenen Personen. Stuft die Bewertung die Verarbeitung als hohes Risiko ein, ist die Aufsichtsbehörde vor der Verarbeitung zu konsultieren, wenn keine Maßnahmen des Verantwortlichen dagegen gesteuert werden.

Die neuen Dokumentations- und Informationspflichten können Herausforderungen darstellen, da betroffenen Personen gemäß Art. 7 Abs. 3 immer auf die Möglichkeit des Widerrufs hingewiesen werden müssen. Auch wenn Verarbeitung zu Werbezwecken weiterhin mit der Einwilligung der betroffenen Person durchgeführt werden kann, sind auch hier die Regelungen der DSVGO strenger geworden. Außerdem verlangt Art. 12 DSGVO, dass Informationen, welche die betroffene Person tangieren, in einer transparenten, verständlichen und leicht zugänglichen Form und in einer klaren und einfachen Sprache vorliegen müssen.

Meldepflichten sind nicht nur dann erforderlich wenn ein Datenproblem vorliegt und Dritte unbefugten Zugriff auf Daten haben, sondern schon im Falle der rechtswidrigen Datenverarbeitung ist die Aufsichtsbehörde innerhalb von 72 Stunden zu informieren.

Die Einwilligung der betroffenen Person ist unabdingbar einzuholen, wenn ein Unternehmen die Daten von potentiellen und/oder Bestandskunden erheben und nutzen möchte. Dabei steht das Unternehmen in der Verpflichtung den Nachweis zu leisten, dass Nutzer ihre Einwilligung erbracht haben. Betroffen sind alle Informationen wie E-Mail-Adressen, Namen und Adressen. Zukünftig werden auch Cookie-IDs, User-IDs, IP-Adressen, als personenbezogene Daten zu angesehen, sodass deren Nutzung die Einwilligung der Betroffenen verlangen.

Das Recht auf Vergessen ist das Recht auf Löschung der Daten von Nutzern. D.h. Nutzer dürfen nicht nur im Rahmen des Opt-Out Prinzips der Nutzung ihrer Daten widersprechen, sie können auch das vollständige Löschen ihrer Daten einfordern.

Diese dargestellten Neuerungen und Änderungen zeigt die wesentliche Einflussnahme der DSGVO auf das Geschäftsmodell des PA.

5 Fazit

5.1 Zusammenfassung

Zu Beginn der Arbeit wurde in die Thematik des PAs eingeleitet. Nahezu in Echtzeit werden sensible Daten der Internetnutzer erhoben, verarbeitet und übermittelt. Diese Daten gilt es zum Schutz der einzelnen Person nach den datenschutzrechtlichen Bestimmungen zu behandeln. Das Fundament dafür bilden das in Deutschland noch aktuell geltende BDSG und das TMG. Da 2016 die DSGVO verabschiedet wurde und diese ab dem 28. Mai 2018 unmittelbar geltendes Recht auf unionsweiter Ebene wird, werden das BDSG sowie das TMG ihre Ablösung finden. Lediglich die Regelungsspielräum der DSGVO gestatten den Mitgliedsstaaten eigene Regelungen aufzusetzen. In Deutschland wurden diese Regelungsspielräume in Form des DSAnpUG bereits 2017 umgesetzt und verabschiedet. Da die DSGVO keine spezifischen Regelungen hinsichtlich des Online-Bereiches beinhaltet, wurde 2017 von der EU-Kommission ein neuer Entwurf der ePrivacy-Verordnung aufgesetzt. Diese regelt explizit den Schutz der personenbezogenen Daten im Online-Bereich. Sowohl das neue BDSG, als auch die ePrivacy-Verordnung sollen am 28. Mai 2018 mit der DSGVO in Kraft treten und diese ergänzen. Im Hinblick auf diese Datenschutzänderungen wurde die Frage gestellt, inwiefern das Geschäftsmodell des PAs dadurch Auswirkungen erfährt.

Grundsätzlich lässt sich sagen, dass der Kern der Gesetzesänderungen die Geschäftsmodelle der Onlinebranche auch zukünftig nicht ernsthaft in Gefahr bringt. Allerdings wurde der Begriff der personenbezogenen Daten erweitert, sodass es zukünftig nicht mehr möglich sein wird, Cookie-IDs, IP-Adressen und andere Online Identifier als anonym einzuordnen. Insbesondere die umfassenderen Informationspflichten und die erforderliche Einwilligungspflicht der Nutzer sollte nicht missachtet werden.

Zusammenfassend lässt sich sagen, dass die Materie des Datenschutzrechtes auf deutscher und unionsweiter Ebene ein komplexes und detailreiches Konstrukt darstellt. Daher konnte aus Sicht des Autors nicht auf alle gegebenen Gesetze und Verordnungen eingegangen werden, da sich diese aktuell im Wandel befinden.

5.2 Ausblick und Handlungsempfehlungen

Es lässt sich erkennen, dass im PA die Anforderungen des Datenschutzes anspruchsvoll sind. Einzelne Werbekampagnen können nicht separat geprüft werden. Daher müssen die verarbeitenden Systeme grundsätzlich die Datenschutz-konformität erfüllen und die gespeicherten Daten frühzeitig anonymisiert überge-ben. Grundsätzlich sollten sich Unternehmen an die Vorschriften halten, Nutzer-daten soweit wie möglich zu anonymisieren, da solche Daten, ohne Bezug zu ei-ner bestimmten und bestimmbaren Person, durch Datenschutzbestimmungen un-berührt bleiben. Außerdem empfiehlt es sich ein Datenschutz-Gutachten oder -Siegel erstellen zu lassen. Übliche Siegel sind u.a. EuroPriSe und ePrivacyseal. Der Vorteil ist, dass diese Gutachten bei Prüfungen durch Behörden gültig sind und erst bei wesentlichen Änderungen der Technologie des PA oder der Prozesse angepasst werden müssen.[144]

Sofern die ePrivacy-Verordnung hinsichtlich der Cookie-Regelungen so eintritt, wie im Entwurf der Kommission vorgeschlagen, werden viele der heutigen Coo-kie-Banner nicht der Datenschutzkonformität entsprechen. Dies gilt insbesondere für deutsche Webseiten, da bereits die ePrivacy-Richtlinie national nur unzu-reichend umgesetzt wurde. Hier droht demnach Handlungsbedarf für alle Betei-ligten. Hinsichtlich der 72-stündigen Meldepflicht bei Datenschutzverstößen und den stark erhöhten Bußgeldern sind bereits jetzt alle Vorbereitungen zu treffen, damit ab Mai 2018 alle Prozesse im Unternehmen reibungslos fortfahren können.

In Bezug auf das BDSG-neu bestehen ebenso Unsicherheiten, da vielen Kritikern zufolge die von der DSGVO eingeräumten Regelungsspielräume sehr interpreta-tionsfrei geregelt sind. Hier ist abzuwarten ob zukünftige Rechtsurteile diese Re-gelungen weiter straffen.

---

[144] Vgl. BVDW (2014), S. 25.

Literaturverzeichnis

1&1 INTERNET SE, 2016. *Die wichtigsten Akteure im Real-Time Advertising.* [Zugriff am: 26.06.2017]. Verfügbar unter: https://hosting.1und1.de/digitalguide/online-marketing/verkaufen-im-internet/so-funktioniert-real-time-advertising/.

ALTITUDE, 2017. *Programmatic Advertising: Deconstructed.* [Zugriff am: 26.06.2017]. Verfügbar unter: http://altitudedigital.com/company-blog/programmatic-advertising-deconstructed-vol-1-ad-networks/.

BARKER, Dan, 2013. *The First Ever Banner Ad (& How it Performs Today).* [Zugriff am: 26.06.2017]. Verfügbar unter: http://barker.co.uk/banner.

BIZER, Johann, 2007. *Sieben Goldene Regeln des Datenschutzes.* In: Datenschutz und Datensicherheit, 31. S. 350.

BLUE SUMMIT MEDIA GMBH, o.J., *Der Kunde im Fokus: Datengetriebenes Online Marketing*, München. S.6.

BUNDESZENTRALE FÜR POLITISCHE BILDUNG, 2017. *27. Januar 1977: Das Bundesdatenschutzgesetz wird verabschiedet.* [Zugriff am: 26.06.2017]. Verfügbar unter: http://www.bpb.de/politik/hintergrund-aktuell/241406/bundesdatenschutzgesetz.

BUSCH, Oliver (Hrsg.), 2014. *Realtime Advertising - Digitales Marketing in Echtzeit: Strategien, Konzepte und Perspektiven.* Wiesbaden. S. 37, 108, 111, 116.

BVDW, 2013. *Tracking – Lücken mit 1st-Party-Cookie-Tracking schließen.* [Zugriff am: 26.06.2017]. Verfügbar unter: http://www.bvdw.org/medien/tracking-luecken-mit-1st-party-cookie-tracking-schliessen?media=4690.

BVDW, 2013. *Realtime Advertising Kompass 2013/2014.* Düsseldorf. S. 18f, 74f.

BVDW, 2014. *Realtime Advertising Kompass 2014/2015.* Düsseldorf. S. 25.

BDVW, 2015. *Programmatic Advertising Kompass 2015/2016.* Düsseldorf. S. 93f.

BVDW, 2016. *Programmatic Advertising Kompass 2016/2017.* Düsseldorf. S. 54, 60, 69, 90, 91., 93, 95ff, 97, 188.

BVDW, 2017. *Datenschutz-Anpassungs- und -Umsetzungsgesetz passiert Bundestag.* [Zugriff am: 26.06.2017]. Verfügbar unter: http://www.bvdw.org/medien/datenschutz-anpassungs--und--umsetzungsgesetz-passiert-bundestag?media=8679.

DATENSCHUTZBEAUFTRAGTER, 2017. *Bundesrat stimmt neuem Datenschutzgesetz zu.* [Zugriff am: 26.06.2017]. Verfügbar unter: https://www.datenschutzbeauftragter-info.de/bundesrat-stimmt-neuem-datenschutzgesetz-zu/.

DENNEMARK, Julia, 2016: *Ist Bannerwerbung tot?.* [Zugriff am: 26.06.2017]. Verfügbar unter: http://www.dixeno.de/ist-bannerwerbung-tot/.

DEUTSCHER BUNDESTAG, 2017. *Novelle des Daten-schutzrechts in erster Lesung beraten.* [Zugriff am: 26.06.2017]. Verfügbar unter: https://www.bundestag.de/dokumente/textarchiv/2017/kw10-de-datenschutz/493934.

DEUTSCHER DIALOGMARKETING VERBAND e.V. (Hrsg.), 2015. *Dialogmarketing Perspektiven 2014/2015 - Tagungsband 9. wissenschaftlicher interdisziplinärer Kongress für Dialogmarketing.* Wiesbaden. S. 187.

EICHHORN, Bert, HEINZE, Björn, TAMM, Gerrit, SCHUHMANN, Ralph, 2016. *Internetrecht im E-Commerce.* Wiesbaden. S.104.

FROBÖSE, M., THURM, M., 2016. Marketing. Wiesbaden. S. 56.

HASS, Berthold H., WILLBRANDT, Klaus W., 2011. *Targeting von Online-Werbung: Grundlagen, Formen und Herausforderungen.* [Zugriff am: 26.06.2017]. Verfügbar unter: https://www.uni-flensburg.de/fileadmin/content/abteilungen/marketing/dokumente/pdfs/targeting.pdf. S.12f

HOPF G. (Hrsg.), BAUER, C., GREVE, G., 2011. *Online Targeting und Controlling – Grundlagen – Anwendungsfelder – Praxisbeispiele.* 1. Auflage. Wiesbaden. S.102.

HUBER, Daniel, 2010. *Redaktionelle Werbung – Ein Gebot der Trennung.* [Zugriff am: 26.06.2017]. Verfügbar unter: http://www.it-recht-kanzlei.de/reaktionelle-werbung-trennung.html.

HUBER, Julius, 2015. *Real Time Advertising (RTA) – Vom Zufallstreffer zur exakten Zielgruppe*. [Zugriff am: 26.06.2017]. Verfügbar unter: https://catchyou.de/real-time-advertising-rta-vom-zufallstreffer-zur-exakten-zielgruppe/.

HÜLSMANN, Werner, 2017. *Entstehungsgeschichte der Datenschutz-grundverordnung*. [Zugriff am: 26.06.2017]. Verfügbar unter: https://dsgvo.expert/die-datenschutzgrundverordnung/entstehungsge-schichte/.

INTERACTIVE ADVERTISING BUREAU, 2015. *Display & Mobile Advertising Creative Format Guidelines*. New York. S.8.

KAHL, Torge, 2014. *Die wichtigsten Technologien im Display Marketing einfach erklärt*. [Zugriff am: 26.06.2017]. Verfügbar unter: https://www.gruenderszene.de/allgemein/wichtigste-technologien-display-marketing.

KIOCK, Alexander, 2015. *The Programmatic Giant – Einige Chance sind zu groß, um sie zu verheimlichen*. Berlin. S. 11.

KROSCHWALD, Steffen, 2015. *Informationelle Selbstbestimmung in der Cloud - Datenschutzrechtliche Bewertung und Gestaltung des Cloud Computing aus dem Blickwinkel des Mittelstands*. Wiesbaden. S. 109, 110.

LAMMENETT, Erwin, 2015. *Praxiswissen Online-Marketing – Affiliate- und E-Mail-Marketing, Suchmaschinenmarketing, Online-Werbung, Social Media, Online-PR*. 5. Auflage. Wiesbaden. S. 32, 169.

LENNARTZ B, WEBER J., 2010. *Ist eine IP ein personenbezogenes Datum?*, In: Datenschutz und Datensicherheit S.479.

MEZGER, Lukas, 2017. *Entwurf der EU-ePrivacy-Verordnung: (Katastrophale) Konsequenzen für die On-linewerbung ?*. [Zugriff am: 26.06.2017]. Verfügbar unter: http://www.onlinemarketing-recht.de/2017/01/entwurf-der-eu-eprivacy-verordnung-geleakt-konse-quenzen-fuer-die-onlinewerbung/.

MICHELSON, Martin (Hrsg.), RIEKERT, Wolf-Fritz Riekert, 2011. *Informationswirtschaft – Innovation für die neue Ökonomie*, Wiesbaden, 2001, S.91.

MOZILLA CORPORATION, 2017. *Cookies – Informationen, die Websites auf Ihrem Computer ablegen.* [Zugriff am: 26.06.2017]. Verfügbar unter: https://support.mozilla.org/de/kb/cookies-informationen-websites-auf-ihrem-computer.

NEUERER, Dietmar, 2017. *Neue EU-Datenregeln – Wirtschaft sorgt sich um digitalen Fortschritt* [Zugriff am: 26.06.2017]. Verfügbar unter: http://www.handelsblatt.com/politik/deutschland/neue-eu-datenregeln-e-privacy-verordnung/19311860-3.html

NIESYTO, Johanna (Hrsg.), Ukrow, Jörg, Cole, Mark D., 2017. *Zur Transparenz von Mediaagenturen - Eine rechtswissenschaftliche Untersuchung.* Köln. S.25.

ORBISOFT, 2014. *Cookies, DMPs and Is "Big Brother" Watching You?.* [Zugriff am: 26.06.2017]. Verfügbar unter: https://orbitsoft.com/blog/tag/dsp/.

PETRLIC, R., SORGE, C., 2017. *Datenschutz – Einführung in technischen Datenschutz, Datenschutz-recht und angewandte Kryptographie.* Wiesbaden. S. 90.

REISCHL, Sebastan, RINDERLE Sofia, 2013. Realtime Bidding - Next Level Performance. München. S. 3, 6.

RESOLUTION, 2016. *Programmatic, RTA, Private Deals...?.* [Zugriff am: 26.06.2017]. Verfügbar unter: http://resolutionmedia.com/de/de/programmatic-rta-private-deals/.

RIXECKER, Kim, 2013. *So schlägt sich heute die erste Banner-Werbung der Welt.* [Zugriff am: 26.06.2017]. Verfügbar unter: http://t3n.de/news/erste-banner-werbung-509100/.

ROTBERG, Tilman, 2016. *Programmatic Advertising: Auf valide Daten kommt es an.* [Zugriff am: 26.06.2017]. Verfügbar unter: https://www.wuv.de/digital/programmatic_advertising_auf_valide_daten_kommt_es_an.

ROßNAGEL, Alexander, 2016. *Wie zukunftsfähig ist die DSGVO?.* In: Datenschutz und Datensicherheit. S. 561f

ROßNAGEL, Alexander, 2017. *Datenschutzaufsicht nach der EU-Datenschutz-Grundverordnung.* Wiesbaden. S. 28..

ROßNAGEL, Alexander, 2017. *Entwurf eines neuen Bundesdatenschutz-Gesetzes*. In: Datenschutz und Datensicherheit. S. 269f.

RTB MARKT, 2015. *Self-Service DSP vs. Managed-Service DSP.* [Zugriff am: 26.06.2017]. Verfügbar unter: http://www.rtbmarkt.de/self-service-dsp-vs-managed-service-dsp/.

SCHARNHORST, Rald, JOKSCHAT, Jens, 2017. *Besser Werben mit Programmatic Advertising – datengetriebene Werbung endlich verständlich.* S.4.

SCHOTT, Alexander, 2014. *Real-Time Advertising - Premium statt Restplatz!* [Zugriff am: 26.06.2017]. Verfügbar unter: https://www.adzine.de/2014/05/real-time-advertising-premium-statt-restplatz-adtrading-rtb/.

SCHROETER, Andreas, WESTEMEYER, Philipp, MÜLLER, Christian, SCHLOTTKE, Tobias, 2012. *Die Zukunft des Display Advertising, Intelligenter – automatisierter – effizi-enter durch Real Time Bidding.* Hamburg. S. 7, 8, 10, 26.

SKODA, Daniel, 2017. *Welchen Beitrag leisten Data Management Platforms für ein zukunftsorientiertes Marketing?* [Zugriff am: 26.06.2017]. Verfügbar unter: https://onlinemarketing.de/news/data-management-platforms-dmp-marketing-zukunft.

STÜBER, Jürgen, 2014. *Warum auf Webseiten so häufig Zalando-Werbung erscheint.* [Zugriff am: 26.06.2017]. Verfügbar unter: https://www.morgenpost.de/berlin-aktuell/startups/article131787040/Warum-auf-Webseiten-so-haeufig-Zalando-Werbung-erscheint.html.

SWEENEY, Michael, 2017. *What Types of Data Does a DMP Collect, From Where, and How?* [Zugriff am: 26.06.2017]. Verfügbar unter: https://7suite.com/2016/04/all-about-data-management-platform/.

WITT, Bernhard C., 2010. Datenschutz kompakt und verständlich - Eine praxisorientierte Einführung. 2. Auflage. Wiesbaden. S.3f., 47

Anhang

Anhang 1: Der Lebensweg einer Werbung: Werbeeinkauf in Echtzeit.

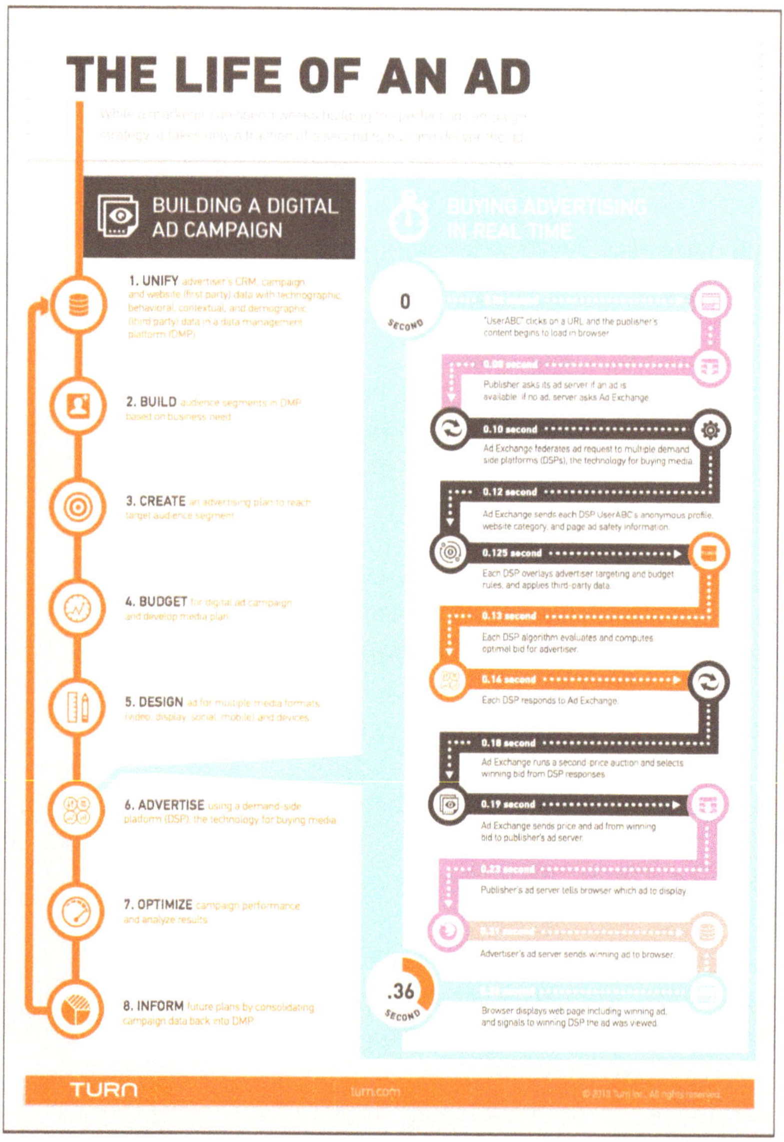

http://www.adopsbuzz.com/wp-content/uploads/2014/05/Life-of-an-Ad_A4-1.jpg

Anhang 2: Unternehmen auf dem deutschen Programmatic-Markt.

http://www.improvedigital.com/main/wp-content/uploads/market-maps/
MarketMap_German.pdf

Anhang 3: Unternehmen auf dem europäischen Programmatic-Markt.

http://www.improvedigital.com/main/wp-content/uploads/market-maps/
MarketMap_Europe.pdf

Anhang 4: Mustervertrag zur Auftragsverarbeitung DSGVO

Mustervertrag zur Auftragsverarbeitung gemäß Art. 28 DS-GVO
[Stand: Mai 2017]

Vereinbarung

zwischen dem/der

....

- Verantwortlicher - nachstehend Auftraggeber genannt -

und dem/der

....

- Auftragsverarbeiter - nachstehend Auftragnehmer genannt

[ggf.: Vertreter gemäß Art. 27 DS-GVO:

....]

Hinweis

„Die einzelnen Festlegungen nach Art. 28 Abs. 3 DS-GVO sollten vollständig in die Vereinbarung übernommen und wie eine Checkliste abgearbeitet werden. Die für das konkrete Dienstleistungsverhältnis zutreffenden Alternativen sollten angekreuzt werden. Leerfelder sind ggf. entsprechend des konkreten Auftrags auszufüllen. Vergütungs- und Haftungsregelungen zu den einzelnen Leistungen des Auftragnehmers sollten im Hauptvertrag vereinbart werden."

1. Gegenstand und Dauer des Auftrags

(1) Gegenstand

   ☐   Der Gegenstand des Auftrags ergibt sich aus der Leistungsvereinbarung/SLA/................................. vom ...., auf die hier verwiesen wird (im Folgenden Leistungsvereinbarung).

oder

   ☐   Gegenstand des Auftrags zum Datenumgang ist die Durchführung folgender Aufgaben durch den Auftragnehmer: .... (Definition der Aufgaben)

(2) Dauer

   ☐   Die Dauer dieses Auftrags (Laufzeit) entspricht der Laufzeit der Leistungsvereinbarung.

oder *(insbesondere, falls keine Leistungsvereinbarung zur Dauer besteht)*

   ☐   Der Auftrag wird zur einmaligen Ausführung erteilt.

oder

□ Die Dauer dieses Auftrags (Laufzeit) ist befristet bis zum ....

oder

□ Der Auftrag ist unbefristet erteilt und kann von beiden Parteien mit einer Frist von .... zum .... gekündigt werden. Die Möglichkeit zur fristlosen Kündigung bleibt hiervon unberührt.

2. Konkretisierung des Auftragsinhalts

(1) Art und Zweck der vorgesehenen Verarbeitung von Daten

□ Art und Zweck der Verarbeitung personenbezogener Daten durch den Auftragnehmer für den Auftraggeber sind konkret beschrieben in der Leistungsvereinbarung vom ....

oder

□ Nähere Beschreibung des Auftragsgegenstandes im Hinblick auf Art und Zweck der Aufgaben des Auftragnehmers: ....

Die Erbringung der vertraglich vereinbarten Datenverarbeitung findet ausschließlich in einem Mitgliedsstaat der Europäischen Union oder in einem anderen Vertragsstaat des Abkommens über den Europäischen Wirtschaftsraum statt. Jede Verlagerung in ein Drittland bedarf der vorherigen Zustimmung des Auftraggebers und darf nur erfolgen, wenn die besonderen Voraussetzungen der Artt. 44 ff. DS-GVO erfüllt sind. Das angemessene Schutzniveau in ....

□ ist festgestellt durch einen Angemessenheitsbeschluss der Kommission (Art. 45 Abs. 3 DS-GVO);

□ wird hergestellt durch verbindliche interne Datenschutzvorschriften (Artt. 46 Abs. 2 lit. b i.V.m. 47 DS-GVO);

□ wird hergestellt durch Standarddatenschutzklauseln (Art. 46 Abs. 2 litt. c und d DS-GVO);

□ wird hergestellt durch genehmigte Verhaltensregeln (Artt 46 Abs. 2 lit. e i.V.m. 40 DS-GVO);

□ wird hergestellt durch einen genehmigten Zertifizierungsmechanismus (Artt. 46 Abs. 2 lit. f i.V.m. 42 DS-GVO).

□ wird hergestellt durch sonstige Maßnahmen: .... (Art. 46 Abs 2 lit. a, Abs. 3 litt. a und b DS-GVO)

(2) Art der Daten

□ Die Art der verwendeten personenbezogenen Daten ist in der Leistungsvereinbarung konkret beschrieben unter: ....

oder

□ Gegenstand der Verarbeitung personenbezogener Daten sind folgende Datenarten/-kategorien (Aufzählung/Beschreibung der Datenkategorien)

□ Personenstammdaten

- ☐ Kommunikationsdaten (z.B. Telefon, E-Mail)

- ☐ Vertragsstammdaten (Vertragsbeziehung, Produkt- bzw. Vertragsinteresse)

- ☐ Kundenhistorie

- ☐ Vertragsabrechnungs- und Zahlungsdaten

- ☐ Planungs- und Steuerungsdaten

- ☐ Auskunftsangaben (von Dritten, z.B. Auskunfteien, oder aus öffentlichen Verzeichnissen)

- ☐ ...

(3) Kategorien betroffener Personen

    ☐ Die Kategorien der durch die Verarbeitung betroffenen Personen sind in der Leistungsvereinbarung konkret beschrieben unter: ....

oder

    ☐ Die Kategorien der durch die Verarbeitung betroffenen Personen umfassen:

- ☐ Kunden
- ☐ Interessenten
- ☐ Abonnenten
- ☐ Beschäftigte
- ☐ Lieferanten
- ☐ Handelsvertreter
- ☐ Ansprechpartner
- ☐ ...

3. Technisch-organisatorische Maßnahmen

(1) Der Auftragnehmer hat die Umsetzung der im Vorfeld der Auftragsvergabe dargelegten und erforderlichen technischen und organisatorischen Maßnahmen vor Beginn der Verarbeitung, insbesondere hinsichtlich der konkreten Auftragsdurchführung zu dokumentieren und dem Auftraggeber zur Prüfung zu übergeben. Bei Akzeptanz durch den Auftraggeber werden die dokumentierten Maßnahmen Grundlage des Auftrags. Soweit die Prüfung/ein Audit des Auftraggebers einen Anpassungsbedarf ergibt, ist dieser einvernehmlich umzusetzen.

(2) Der Auftragnehmer hat die Sicherheit gem. Artt. 28 Abs. 3 lit. c, 32 DS-GVO insbesondere in Verbindung mit Art. 5 Abs. 1, Abs. 2 DS-GVO herzustellen. Insgesamt handelt es sich bei den zu treffenden Maßnahmen um Maßnahmen der Datensicherheit und zur Gewährleistung eines dem Risiko angemessenen Schutzniveaus hinsichtlich der Vertraulichkeit, der Integrität, der Verfügbarkeit sowie der Belastbarkeit der Systeme. Dabei sind der Stand der Technik, die Implementierungskosten und die Art, der Umfang und die Zwecke der Verarbeitung sowie die unterschiedliche Eintrittswahrscheinlichkeit und Schwere des Risikos für die Rechte und Freiheiten natürlicher Personen im Sinne von Art. 32 Abs. 1 DS-GVO zu berücksichtigen [Einzelheiten in Anlage 1].

(3) Die technischen und organisatorischen Maßnahmen unterliegen dem technischen Fortschritt und der Weiterentwicklung. Insoweit ist es dem Auftragnehmer gestattet, alternative adäquate Maßnahmen umzusetzen. Dabei darf das Sicherheitsniveau der festgelegten Maßnahmen nicht unterschritten werden. Wesentliche Änderungen sind zu dokumentieren.

4. Berichtigung, Einschränkung und Löschung von Daten

(1) Der Auftragnehmer darf die Daten, die im Auftrag verarbeitet werden, nicht eigenmächtig sondern nur nach dokumentierter Weisung des Auftraggebers berichtigen, löschen oder deren Verarbeitung einschränken. Soweit eine betroffene Person sich diesbezüglich unmittelbar an den Auftragnehmer wendet, wird der Auftragnehmer dieses Ersuchen unverzüglich an den Auftraggeber weiterleiten.

(2) Soweit vom Leistungsumfang umfasst, sind Löschkonzept, Recht auf Vergessenwerden, Berichtigung, Datenportabilität und Auskunft nach dokumentierter Weisung des Auftraggebers unmittelbar durch den Auftragnehmer sicherzustellen.

5. Qualitätssicherung und sonstige Pflichten des Auftragnehmers

Der Auftragnehmer hat zusätzlich zu der Einhaltung der Regelungen dieses Auftrags gesetzliche Pflichten gemäß Artt. 28 bis 33 DS-GVO; insofern gewährleistet er insbesondere die Einhaltung folgender Vorgaben:

a) ☐ Schriftliche Bestellung eines Datenschutzbeauftragten, der seine Tätigkeit gemäß Artt. 38 und 39 DS-GVO ausübt.

    ☐ Dessen Kontaktdaten werden dem Auftraggeber zum Zweck der direkten Kontaktaufnahme mitgeteilt. Ein Wechsel des Datenschutzbeauftragten wird dem Auftraggeber unverzüglich mitgeteilt.

    ☐ Als Datenschutzbeauftragte(r) ist beim Auftragnehmer Herr/Frau [Eintragen: Vorname, Name, Organisationseinheit, Telefon, E-Mail] bestellt. Ein Wechsel des Datenschutzbeauftragten ist dem Auftraggeber unverzüglich mitzuteilen.

    ☐ Dessen jeweils aktuelle Kontaktdaten sind auf der Homepage des Auftragnehmers leicht zugänglich hinterlegt.

b) ☐ Der Auftragnehmer ist nicht zur Bestellung eines Datenschutzbeauftragten verpflichtet. Als Ansprechpartner beim Auftragnehmer wird Herr/Frau [Eintragen: Vorname, Name, Organisationseinheit, Telefon, E-Mail] benannt.

c) ☐ Da der Auftragnehmer seinen Sitz außerhalb der Union hat, benennt er folgenden Vertreter nach Art. 27 Abs. 1 DS-GVO in der Union: [Eintragen: Vorname, Name, Organisationseinheit, Telefon, E-Mail].

d) Die Wahrung der Vertraulichkeit gemäß Artt. 28 Abs. 3 S. 2 lit. b, 29, 32 Abs. 4 DS-GVO. Der Auftragnehmer setzt bei der Durchführung der Arbeiten nur Beschäftigte ein, die auf die Vertraulichkeit verpflichtet und zuvor mit den für sie relevanten Bestimmungen zum Datenschutz vertraut gemacht wurden. Der Auftragnehmer und jede dem Auftragnehmer unterstellte Person, die Zugang zu personenbezogenen Daten hat, dürfen diese Daten ausschließlich entsprechend der Weisung des Auftraggebers verarbeiten einschließlich der in diesem Vertrag eingeräumten Befugnisse, es sei denn, dass sie gesetzlich zur Verarbeitung verpflichtet sind.

e) Die Umsetzung und Einhaltung aller für diesen Auftrag erforderlichen technischen und organisatorischen Maßnahmen gemäß Artt. 28 Abs. 3 S. 2 lit. c, 32 DS-GVO [Einzelheiten in Anlage 1].

f) Der Auftraggeber und der Auftragnehmer arbeiten auf Anfrage mit der Aufsichtsbehörde bei der Erfüllung ihrer Aufgaben zusammen.

Die unverzügliche Information des Auftraggebers über Kontrollhandlungen und Maßnahmen der Aufsichtsbehörde, soweit sie sich auf diesen Auftrag beziehen. Dies gilt auch, soweit eine zuständige Behörde im Rahmen eines Ordnungswidrigkeits- oder

a) Strafverfahrens in Bezug auf die Verarbeitung personenbezogener Daten bei der Auftragsverarbeitung beim Auftragnehmer ermittelt.

b) Soweit der Auftraggeber seinerseits einer Kontrolle der Aufsichtsbehörde, einem Ordnungswidrigkeits- oder Strafverfahren, dem Haftungsanspruch einer betroffenen Person oder eines Dritten oder einem anderen Anspruch im Zusammenhang mit der Auftragsverarbeitung beim Auftragnehmer ausgesetzt ist, hat ihn der Auftragnehmer nach besten Kräften zu unterstützen.

c) Der Auftragnehmer kontrolliert regelmäßig die internen Prozesse sowie die technischen und organisatorischen Maßnahmen, um zu gewährleisten, dass die Verarbeitung in seinem Verantwortungsbereich im Einklang mit den Anforderungen des geltenden Datenschutzrechts erfolgt und der Schutz der Rechte der betroffenen Person gewährleistet wird.

d) Nachweisbarkeit der getroffenen technischen und organisatorischen Maßnahmen gegenüber dem Auftraggeber im Rahmen seiner Kontrollbefugnisse nach Ziffer 7 dieses Vertrages.

6 Unterauftragsverhältnisse

(1) Als Unterauftragsverhältnisse im Sinne dieser Regelung sind solche Dienstleistungen zu verstehen, die sich unmittelbar auf die Erbringung der Hauptleistung beziehen. Nicht hierzu gehören Nebenleistungen, die der Auftragnehmer z.B. als Telekommunikationsleistungen, Post-/Transportdienstleistungen, Wartung und Benutzerservice oder die Entsorgung von Datenträgern sowie sonstige Maßnahmen zur Sicherstellung der Vertraulichkeit, Verfügbarkeit, Integrität und Belastbarkeit der Hard- und Software von Datenverarbeitungsanlagen in Anspruch nimmt. Der Auftragnehmer ist jedoch verpflichtet, zur Gewährleistung des Datenschutzes und der Datensicherheit der Daten des Auftraggebers auch bei ausgelagerten Nebenleistungen angemessene und gesetzeskonforme vertragliche Vereinbarungen sowie Kontrollmaßnahmen zu ergreifen.

(2) Der Auftragnehmer darf Unterauftragnehmer (weitere Auftragsverarbeiter) nur nach vorheriger ausdrücklicher schriftlicher bzw. dokumentierter Zustimmung des Auftraggebers beauftragen.

a) ☐ Eine Unterbeauftragung ist unzulässig.

b) ☐ Der Auftraggeber stimmt der Beauftragung der nachfolgenden Unterauftragnehmer zu unter der Bedingung einer vertraglichen Vereinbarung nach Maßgabe des Art. 28 Abs. 2-4 DS-GVO:

Firma Unterauftragnehmer	Anschrift/Land	Leistung

c) ☐ Die Auslagerung auf Unterauftragnehmer oder

☐ der Wechsel des bestehenden Unterauftragnehmers

sind zulässig, soweit:

- der Auftragnehmer eine solche Auslagerung auf Unterauftragnehmer dem Auftraggeber eine angemessene Zeit vorab schriftlich oder in Textform anzeigt und

- der Auftraggeber nicht bis zum Zeitpunkt der Übergabe der Daten gegenüber dem Auftragnehmer schriftlich oder in Textform Einspruch gegen die geplante Auslagerung erhebt und

- eine vertragliche Vereinbarung nach Maßgabe des Art. 28 Abs. 2-4 DS-GVO zugrunde gelegt wird.

(3) Die Weitergabe von personenbezogenen Daten des Auftraggebers an den Unterauftragnehmer und dessen erstmaliges Tätigwerden sind erst mit Vorliegen aller Voraussetzungen für eine Unterbeauftragung gestattet.

(4) Erbringt der Unterauftragnehmer die vereinbarte Leistung außerhalb der EU/des EWR stellt der Auftragnehmer die datenschutzrechtliche Zulässigkeit durch entsprechende Maßnahmen sicher. Gleiches gilt, wenn Dienstleister im Sinne von Abs. 1 Satz 2 eingesetzt werden sollen.

(5) Eine weitere Auslagerung durch den Unterauftragnehmer

☐ ist nicht gestattet;

☐ bedarf der ausdrücklichen Zustimmung des Hauptauftraggebers (mind. Textform);

☐ bedarf der ausdrücklichen Zustimmung des Hauptauftragnehmers (mind. Textform);

sämtliche vertraglichen Regelungen in der Vertragskette sind auch dem weiteren Unterauftragnehmer aufzuerlegen.

7. Kontrollrechte des Auftraggebers

(1) Der Auftraggeber hat das Recht, im Benehmen mit dem Auftragnehmer Überprüfungen durchzuführen oder durch im Einzelfall zu benennende Prüfer durchführen zu lassen. Er hat das Recht, sich durch Stichprobenkontrollen, die in der Regel rechtzeitig anzumelden sind, von der Einhaltung dieser Vereinbarung durch den Auftragnehmer in dessen Geschäftsbetrieb zu überzeugen.

(2) Der Auftragnehmer stellt sicher, dass sich der Auftraggeber von der Einhaltung der Pflichten des Auftragnehmers nach Art. 28 DS-GVO überzeugen kann. Der Auftragnehmer verpflichtet sich, dem Auftraggeber auf Anforderung die erforderlichen Auskünfte zu erteilen und insbesondere die Umsetzung der technischen und organisatorischen Maßnahmen nachzuweisen.

(3) Der Nachweis solcher Maßnahmen, die nicht nur den konkreten Auftrag betreffen, kann erfolgen durch

☐ die Einhaltung genehmigter Verhaltensregeln gemäß Art. 40 DS-GVO;

☐ die Zertifizierung nach einem genehmigten Zertifizierungsverfahren gemäß Art. 42 DS-GVO;

☐ aktuelle Testate, Berichte oder Berichtsauszüge unabhängiger Instanzen (z.B. Wirtschaftsprüfer, Revision, Datenschutzbeauftragter, IT-Sicherheitsabteilung, Datenschutzauditoren, Qualitätsauditoren);

☐ eine geeignete Zertifizierung durch IT-Sicherheits- oder Datenschutzaudit (z.B. nach BSI-Grundschutz).

(4) Für die Ermöglichung von Kontrollen durch den Auftraggeber kann der Auftragnehmer einen Vergütungsanspruch geltend machen.

8. Mitteilung bei Verstößen des Auftragnehmers

(1) Der Auftragnehmer unterstützt den Auftraggeber bei der Einhaltung der in den Artikeln 32 bis 36 der DS-GVO genannten Pflichten zur Sicherheit personenbezogener Daten, Meldepflichten bei Datenpannen, Datenschutz-Folgeabschätzungen und vorherige Konsultationen. Hierzu gehören u.a.

a) die Sicherstellung eines angemessenen Schutzniveaus durch technische und organisatorische Maßnahmen, die die Umstände und Zwecke der Verarbeitung sowie die prognostizierte Wahrscheinlichkeit und Schwere einer möglichen Rechtsverletzung durch Sicherheitslücken berücksichtigen und eine sofortige Feststellung von relevanten Verletzungsereignissen ermöglichen

b) die Verpflichtung, Verletzungen personenbezogener Daten unverzüglich an den Auftraggeber zu melden

c) die Verpflichtung, dem Auftraggeber im Rahmen seiner Informationspflicht gegenüber dem Betroffenen zu unterstützen und ihm in diesem Zusammenhang sämtliche relevante Informationen unverzüglich zur Verfügung zu stellen

d) die Unterstützung des Auftraggebers für dessen Datenschutz-Folgenabschätzung

e) die Unterstützung des Auftraggebers im Rahmen vorheriger Konsultationen mit der Aufsichtsbehörde

(2) Für Unterstützungsleistungen, die nicht in der Leistungsbeschreibung enthalten oder nicht auf ein Fehlverhalten des Auftragnehmers zurückzuführen sind, kann der Auftragnehmer eine Vergütung beanspruchen.

9. Weisungsbefugnis des Auftraggebers

(1) Mündliche Weisungen bestätigt der Auftraggeber unverzüglich (mind. Textform).

(2) Der Auftragnehmer hat den Auftraggeber unverzüglich zu informieren, wenn er der Meinung ist, eine Weisung verstoße gegen Datenschutzvorschriften. Der Auftragnehmer ist berechtigt, die Durchführung der entsprechenden Weisung solange auszusetzen, bis sie durch den Auftraggeber bestätigt oder geändert wird.

10. Löschung und Rückgabe von personenbezogenen Daten

(1) Kopien oder Duplikate der Daten werden ohne Wissen des Auftraggebers nicht erstellt. Hiervon ausgenommen sind Sicherheitskopien, soweit sie zur Gewährleistung einer ordnungsgemäßen Datenverarbeitung erforderlich sind, sowie Daten, die im Hinblick auf die Einhaltung gesetzlicher Aufbewahrungspflichten erforderlich sind.

(2) Nach Abschluss der vertraglich vereinbarten Arbeiten oder früher nach Aufforderung durch den Auftraggeber – spätestens mit Beendigung der Leistungsvereinbarung – hat der Auftragnehmer sämtliche in seinen Besitz gelangten Unterlagen, erstellte Verarbeitungs- und Nutzungsergebnisse sowie Datenbestände, die im Zusammenhang mit dem Auftragsverhältnis stehen, dem Auftraggeber auszuhändigen oder nach vorheriger Zustimmung datenschutzgerecht zu vernichten. Gleiches gilt für Test- und Ausschussmaterial. Das Protokoll der Löschung ist auf Anforderung vorzulegen.

(3) Dokumentationen, die dem Nachweis der auftrags- und ordnungsgemäßen Datenverarbeitung dienen, sind durch den Auftragnehmer entsprechend der jeweiligen Aufbewahrungsfristen über das Vertragsende hinaus aufzubewahren. Er kann sie zu seiner Entlastung bei Vertragsende dem Auftraggeber übergeben.

Anlage – Technisch-organisatorische Maßnahmen

1. Vertraulichkeit (Art. 32 Abs. 1 lit. b DS-GVO)

- Zutrittskontrolle
  Kein unbefugter Zutritt zu Datenverarbeitungsanlagen, z.B.: Magnet- oder Chipkarten, Schlüssel, elektrische Türöffner, Werkschutz bzw. Pförtner, Alarmanlagen, Videoanlagen;
- Zugangskontrolle
  Keine unbefugte Systembenutzung, z.B.: (sichere) Kennwörter, automatische Sperrmechanismen, Zwei-Faktor-Authentifizierung, Verschlüsselung von Datenträgern;
- Zugriffskontrolle
  Kein unbefugtes Lesen, Kopieren, Verändern oder Entfernen innerhalb des Systems, z.B.: Berechtigungskonzepte und bedarfsgerechte Zugriffsrechte, Protokollierung von Zugriffen;
- Trennungskontrolle
  Getrennte Verarbeitung von Daten, die zu unterschiedlichen Zwecken erhoben wurden, z.B. Mandantenfähigkeit, Sandboxing;
- Pseudonymisierung (Art. 32 Abs. 1 lit. a DS-GVO; Art. 25 Abs. 1 DS-GVO)
  Die Verarbeitung personenbezogener Daten in einer Weise, dass die Daten ohne Hinzuziehung zusätzlicher Informationen nicht mehr einer spezifischen betroffenen Person zugeordnet werden können, sofern diese zusätzlichen Informationen gesondert aufbewahrt werden und entsprechende technischen und organisatorischen Maßnahmen unterliegen;

2. Integrität (Art. 32 Abs. 1 lit. b DS-GVO)

- Weitergabekontrolle
  Kein unbefugtes Lesen, Kopieren, Verändern oder Entfernen bei elektronischer Übertragung oder Transport, z.B.: Verschlüsselung, Virtual Private Networks (VPN), elektronische Signatur;
- Eingabekontrolle
  Feststellung, ob und von wem personenbezogene Daten in Datenverarbeitungssysteme eingegeben, verändert oder entfernt worden sind, z.B.: Protokollierung, Dokumentenmanagement;

3. Verfügbarkeit und Belastbarkeit (Art. 32 Abs. 1 lit. b DS-GVO)

- Verfügbarkeitskontrolle
  Schutz gegen zufällige oder mutwillige Zerstörung bzw. Verlust, z.B.: Backup-Strategie (online/offline; on-site/off-site), unterbrechungsfreie Stromversorgung (USV), Virenschutz, Firewall, Meldewege und Notfallpläne;
- Rasche Wiederherstellbarkeit (Art. 32 Abs. 1 lit. c DS-GVO);

4. Verfahren zur regelmäßigen Überprüfung, Bewertung und Evaluierung (Art. 32 Abs. 1 lit. d DS-GVO; Art. 25 Abs. 1 DS-GVO)

- Datenschutz-Management;
- Incident-Response-Management;
- Datenschutzfreundliche Voreinstellungen (Art. 25 Abs. 2 DS-GVO);
- Auftragskontrolle
  Keine Auftragsdatenverarbeitung im Sinne von Art. 28 DS-GVO ohne entsprechende Weisung des Auftraggebers, z.B.: Eindeutige Vertragsgestaltung, formalisiertes Auftragsmanagement, strenge Auswahl des Dienstleisters, Vorabüberzeugungspflicht, Nachkontrollen.